Bibliografische Information der Deutschen Nationalbibliothek:

Die Deutsche Nationalbibliothek verzeichnet diese Publikation in der Deutschen Nationalbibliografie; detaillierte bibliografische Daten sind im Internet über http://dnb.d-nb.de abrufbar.

Impressum:

Copyright © 2013 ScienceFactory

Ein Imprint der GRIN Verlags GmbH

Druck und Bindung: Books on Demand GmbH, Norderstedt, Germany

Coverbild: RIA Novosti archive, image #475738 / Yuriy Somov / CC-BY-SA 3.0 [CC-BY-SA-3.0], via Wikimedia Commons

Wieder vereinigt?
Deutschland 25 Jahre nach dem Mauerfall

Forschungsprojekt zu 20 Jahren deutscher Einheit 7

1. Einleitung 8
2. Sozialwissenschaftlicher Forschungsstand 10
3. Operationalisierung/ Hypothesen 13
4. Zugang 16
5. Erhebung 20
6. Auswertung 22
7. Fazit 27
8. Literaturverzeichnis 30
9. Anhang 32

Die Einkommensverteilung in West- und Ostdeutschland 39

1. Einleitung 40
2. Die Entwicklung des Einkommensniveaus seit dem Mauerfall bis heute ... 42
3. Die Analyse der Einkommensverteilung 66
4. Fazit und Ausblick 82
5. Literaturverzeichnis 84

Jugend im Wandel. Eine Frage der Generation 87

1. Einleitung 88
2. Jugend, Jugendkulturen und deren Beziehung zur Gesellschaft 92
3. Wertorientierungen im Wandel 103
4. Von der Generationenlagerung zur Generationengestalt 110

5. Die Jugend der Wendezeit 117

6. Die Jugend der 1990er 125

7. Die pragmatische Jugend 135

8. Fazit 146

9. Literaturverzeichnis 153

Einzelbände 161

Christof Kaczmarkiewicz/Robert Barth

Forschungsprojekt zu 20 Jahren deutscher Einheit

Vom Konzept der nachhaltigen Entwicklung zum lebensstilspezifischen Konsum

2010

1. Einleitung

Die offizielle Wiedervereinigung beider deutscher Staaten erfolgte am 09.10.1990. Zum Zeitpunkt der Erstellung dieser Arbeit blicken die Bundesbürger auf rund 20 Jahre deutscher Einheit zurück. Eine in den Medien präsente Frage ist dennoch, ob sich eine Wiedervereinigung nicht nur auf staatlicher, sondern auch auf der persönlichen Ebene für jeden Bundesbürger vollzogen hat. Zur Illustration seien hierzu Auszüge aus Äußerungen von Persönlichkeiten des öffentlichen Interesses zu dieser Thematik aufgeführt.

Der ehemalige Regierende Bürgermeister Berlins, Eberhard Diepgen, ist der Ansicht, dass es in der Tat „eine Schere bei einer bestimmten Generation gibt, die zu den Verlierern der Vereinigung gehört" (I1), die innerdeutschen Unterschiede seien jedoch nicht mit denen anderer Länder, wie Spanien und Italien zu vergleichen (vgl. I1). Allerdings könne die „Sozialisation in einem totalitären System über Jahrzehnte nicht [...] wie [...] [ein] Regenmantel" (I1) abgelegt werden. Für die nicht näher beschriebene „jüngere Generation" (ebd.) hingegen sieht Diepgen den Prozess des Zusammenwachsens als abgeschlossen an (vgl. I1). Der Politiker Gregor Gysi meint ebenso bei einigen Mitbürgern eine „gewisse Anti-Haltung, in Bezug auf Ostdeutsche beziehungsweise in Bezug auf Westdeutsche" (I1) feststellen zu können. Zusammenfassend sehen sowohl Diepgen, als auch Gysi auch nach 20 Jahren deutscher Einheit noch Unterschiede, zumindest auf der Ebene des einzelnen Bürgers, als gegeben an. Bereits im Jahr 1998 äußerte der damalige Bundespräsident Roman Herzog hingegen, dass der „viel benutzte Satz von den Mauern in den Köpfen [...] eine Erfindung von Professoren und Journalisten" (Thüringische Landeszeitung vom 19.10.1998 zitiert nach Freis/ Jopp 2001, S.213) sei.

Es wird offenkundig, dass der Disput über die Vereinigung der Deutschen 20 Jahre nach der staatlichen Vereinigung durchaus nicht beendet ist. Vielmehr lassen sich grob zwei Denkrichtungen unterscheiden. Während die Anhänger der ersten subjektive Unterscheidungen und Vorurteile gegenüber der Bevölkerung der neuen, beziehungsweise alten Bundesländer, zumindest bei einem Teil der Bevölkerung der Bundesrepublik Deutschland, als gegeben und dort reproduziert ansehen, sind die Vertreter der zweiten Denkrichtung der Ansicht, dass es sich vielmehr um einen „kalten Bürgerkrieg [handelt], für den die Feindbilder von medialen und professoralen Akteuren mittels subtiler Indoktrination geschaffen und gefestigt worden sind" (I2). Anders formuliert handelt es sich demnach um eine künstlich starke und aufgezwungene Unterscheidung, mit „Feindbildern" (ebd.) welche durch die Medien und andere Akteure produziert und reproduziert werden. Anders formuliert steht die Mauer in den Köpfen bei beiden Ansätzen demnach für „die Angst vor Veränderung, die Unsicherheit einer ungewissen Zukunft, den möglichen Verlust gewohnter Sicherheit, im Westen vor allem des vertrauten Wohlstandes" (Lay/ Potting 1995, S.9).

Thema dieser Arbeit ist es, anhand der durch das Autorenteam erhobenen Daten, einen Beitrag zur wissenschaftlichen Beleuchtung der herrschenden Diskussion zu leisten. Leitend wird hierbei die Fragestellung sein:

Inwieweit gibt es noch eine bewusste Unterscheidung zwischen Ost- und Westdeutschen auf der Subjektebene, beziehungsweise eine Mauer in den Köpfen?

Hierbei wird die vorliegende Arbeit neben der Auswertung eigener Daten auf bereits in diesem Themengebiet durchgeführte wissenschaftliche Arbeiten Bezug nehmend vorgehen. Im nächsten Abschnitt dieser Arbeit wird daher ein verkürzter Überblick über das beforschte Feld anhand vorangegangener Arbeiten verschiedener Autoren gewährt. Von Interesse sind dabei insbesondere Erklärungsansätze im Zusammenhang mit der bewussten Abgrenzung von Ost-, beziehungsweise Westdeutschen von der jeweils anderen Bevölkerungsgruppe, sowie deren Ursachen. Nachfolgend erfolgt die Erläuterung des Vorgehens durch das Autorenteam in den Abschnitten drei und vier. Neben der Darstellung der Forschungshypothesen und deren kurzer Erläuterung werden die Autoren in Abschnitt fünf die Genese des Forschungsinstruments überblicksartig darstellen. Abschnitt sechs dient der Beschreibung der erhobenen Daten und der entsprechenden Stichprobe. Anschließend erfolgt eine Auswertung der Daten unter Bezugnahme auf die angeführte Forschungsfrage. Abschließend erfolgt eine kritische Diskussion der vorangegangenen Inhalte.

2. Sozialwissenschaftlicher Forschungsstand

Ziel dieses Abschnittes ist es einen stark verkürzten Überblick über die bisher zu dem Thema dieser Arbeit vorliegende Forschungsliteratur zu geben. Hierzu werden zunächst drei Hypothesen vorgestellt, welche Erklärungsansätze für vermeintlich vorherrschende Differenzen der Bundesbürger auf der Einstellungsebene bieten.

In den Ausführungen anderer Autoren ist die Sichtweise zu finden, dass der „Vereinigung der Institutionen" (Scheiner et al. 1999, S.5) nicht nur keine Vereinigung in den Köpfen folgte, vielmehr werde „von wachsenden Unterschieden, von immer stärkeren Abgrenzungen berichtet" (ebd.). Eingedenk der euphorischen Szenen des Mauerfalls in Berlin, bei denen sich Ost- und Westdeutsche gleichermaßen fröhlich um die Hälse fielen, kann eine solche Entwicklung der Ereignisse, die von Rehberg als eine Blüte der „Abgrenzungsrethorik" (Rehberg 2000, S.12) bezeichnet wurde, überraschen. Es besteht demnach Erklärungsbedarf hinsichtlich des Umstandes, wie vermeintlich zunehmende Unterschiede und sogar regelrechte Strategien der Abgrenzung sich Jahrzehnte nach der Wiedervereinigung ausprägen konnten und können.

Durch Scheiner wurden zur Klärung dieses Sachverhaltes drei Hypothesen zusammengetragen:

Vertreter der ersten Hypothese gehen davon aus, dass die unterschiedlichen Sozialisationen in den beiden deutschen Staaten eben dieses Phänomen hervorbrachten. Grob umrissen sind damit Bürger, welche eine Sozialisation in der ehemaligen DDR genossen haben „aufgrund der autoritären Prägung des DDR-Systems sozial und/ oder psychisch deformiert worden" (Scheiner et al. 1999, S.7). In praktischer Konsequenz sieht diese Hypothese bei Ostdeutschen mit entsprechender Sozialisation eine obrigkeitskeitshörige und nicht demokratiefähige Grundhaltung als gegeben an (ebd.). Diesen Überlegungen folgend wäre eine Annäherung der Deutschen erst nach Jahrzehnten möglich, da erst die nachwachsenden Generationen in Ostdeutschland frei von der durch die DDR betriebenen Sozialisation sind. Scheiner selbst merkt an, das diese Hypothese erstens nicht in der Lage ist die raschen Einstellungsveränderungen bei den Ostdeutschen nach der Wiedervereinigung zu erklären und zweitens die Tatsache übergeht, dass hauptsächlich von der Bevölkerung ausgehende Impulse das Ende der DDR einläuteten.

Der zweite Erklärungsversuch geht davon aus, dass sich bestimmte Normen und Wertvorstellungen quasi subkutan auch durch die Zeit der innerdeutschen Trennung erhalten haben und nicht durch wenige Jahrzehnte hätten geändert werden können (vgl. Scheiner et al. 1999, S.8 f.). Eine Beeinflussung/ Indoktrination der Bürger der ehemaligen DDR wäre demnach lediglich oberflächlich gewesen und aufgrund von fehlender innerer Überzeugung ohne Langzeitwirkung. In der Konsequenz gehen Vertreter dieser Hypothese somit davon aus, dass eine innere Einheit der Deutschen bereits besteht und eine Debatte demnach haltlos wäre (ebd.).

Die dritte durch Scheiner angeführte Hypothese bietet aus Sicht der Autoren das größte Erklärungspotenzial für das geschilderte Phänomen. Ihre Vertreter gehen davon aus, dass sich die anfängliche Akzeptanz der Werte der Bundesrepublik Deutschland durch Erfahrungen mit den Vertretern des akzeptierten Systems wandelte. Gleiches gilt im Umkehrschluss auch für die Bürger der alten Bundesländer. Darüber hinaus seien die Ostdeutschen von Westdeutschen mit dem Staatssystem der DDR und anderen negativ behafteten Elementen der DDR in direkte Verbindung gebracht worden. Dies wiederum führte dazu, dass sich die „Ostdeutschen [...] als Gruppe abgewertet und abgelehnt" (Scheiner et al. 1999, S.10) fühlten. In Konsequenz dieser Entwicklungen versuchten die Ostdeutschen die selbst erfahrene Abwertung ihrerseits durch die Abwertung des neuen, westdeutschen Systems auszugleichen [siehe auch Freis/ Jopp 2001, S.264 f.]. (vgl. Scheiner et al. 1999, S.9 ff.)

Dieser These folgend ist eine Annäherung zwischen Ost- und Westdeutschen lediglich an einen Prozess der Normalisierung gebunden, in welchem keine der beiden Seiten die Andersartigkeit der jeweils anderen betont und somit keine Abgrenzungsmechanismen erforderlich macht.

Implizit setzt die letztgenannte Hypothese das Vorhandensein differierender Sozialisationen voraus, da ansonsten eine Enttäuschung von Erwartungen an das neue Leben nicht in dem erforderlichen Maße möglich gewesen wäre. Scheiner moniert, dass bislang erfolgte Forschungsarbeiten sich bei Erklärungsversuchen auf die ostdeutsche Bevölkerung konzentrieren, obwohl auch im Westen entsprechende Abgrenzungsstrategien vorhanden seien (vgl. Scheiner et al. 1999, S.13). Als weiterer für diese Arbeit wichtiger Aspekt ist in diesem Zusammenhang auch die Rolle der Medien zu sehen. Hierbei muss im Speziellen der These der mediengesteuerten Vorurteilsproduktion und -verbreitung Aufmerksamkeit gewidmet werden. Dieses taten im Vorfeld bereits

Freis und Jopp und kamen zu dem Schluss, dass Medien nicht nur Informationen transportieren, sondern auch Deutungen, Werte sowie entsprechende Sichtweisen der Welt (vgl. Freis/ Jopp 2001, S.215f.). Demnach verbreiten Medien nicht ausschließlich Informationen, sie liefern vielmehr „eine spezifische und vorinterpretierte Form […] von sozialen Wirklichkeiten" (Freis/ Jopp 2001, S.215). So kamen Freis und Jopp zu dem Schluss, dass in der Tat die Möglichkeiten einer Beeinflussung im Besonderen der Einstellungsebene durch die Medien als gegeben anzusehen ist (vgl. Freis/ Jopp 2001, S.215f.).

Zusammenfassend ist festzustellen, dass nur zwei Hypothesen von einer Differenz der Deutschen in den neuen und alten Bundesländern auf der Subjektebene ausgehen. Wobei in der Hypothese der unterschiedlichen Sozialisationen die Rolle der Medien als zu vernachlässigender Faktor zu bewerten ist, da sie die Gründe für eventuell herrschende Differenzen, beziehungsweise deren Betonung nicht in aktuellen Ereignissen sucht. Als weitaus größer ist dagegen die potenzielle Rolle der Medien in der dritten Hypothese zu bewerten, da sie, wie ausgeführt, von einer Wechselwirkung der Abgrenzungsstrategien ausgeht. Scheiner kommt nach einer auf Berlin fokussierten wissenschaftlichen Arbeit zu dem Schluss, dass sich unterschiedliche Sozialisationen in der alltäglichen Kontaktaufnahme durchaus als hinderlich und blockierend auswirken können, jedoch spielen auch persönliche Erfahrungen eine wesentliche Rolle. Ferner stellen sich die Konflikte zwischen Ost- und Westdeutschen seiner Ansicht nach oft als Verteilungskonflikte dar. Als Schlüsselelement in der Überwindung der geistigen Trennung benennt er die Gruppe der „Grenzüberschreiter… [, denen] eine Pionierfunktion bei der sozialräumlichen Integration" (Scheiner et al. 1999, S.248) zukomme. (vgl. Scheiner et al. 1999, S.245ff.)

Andere Autoren kamen ebenfalls zu dem Schluss, dass sich zwischen Ost- und Westdeutschen „habituelle und kognitive, eben kulturelle Differenzen" (Rehberg 2000, S.18) feststellen lassen, jedoch stellt sich hier die Frage, warum und von wem diese Differenzen insbesondere betont werden.
Als Konsequenz aus den hier dargestellten Untersuchungen wurde für die vorliegende Arbeit daher die Untersuchung der Einstellungen von Ost- und Westdeutschen als Kernaufgabe identifiziert. Hierbei wurde insbesondere das Element der Sozialisation fokussiert, welches, wie dargestellt, in vorangegangenen Theorien als eine der Hauptursachen der „Mauer in den Köpfen" thematisiert wurde.

3. Operationalisierung/ Hypothesen

Im Folgenden werden neben den Forschungshypothesen die Begrifflichkeiten, welche für die Auswertung der Ergebnisse dieser Arbeit obligatorisch sind, in gebotener Kürze expliziert. Hierbei werden zunächst die Hypothesen und danach das weitere Vorgehen des Forscherteams erläutert.

3.1 Hypothesen

I.) Aufbauend auf der vorangegangenen Darstellung des bisherigen Forschungsstandes wurden im Vorfeld der Erhebung mehrere Forschungshypothesen aufgestellt, deren Verifizierung beziehungsweise Falsifizierung nach Auswertung der Daten geschehen wird. In Folge der Fokussierung der ostdeutschen Bevölkerung in einem Großteil der Erklärungsansätze ging das Forschungsteam von Unterschieden auf der Einstellungsebene zwischen ost- und westdeutschen Befragten aus.

II.) In Bezugnahme auf die herausgehobene Bedeutung der Sozialisation in mehreren Erklärungsansätzen für Differenzen wurde ferner eine Zunahme von Distanzierung zu der jeweils anderen Bevölkerungsgruppe [hier bezogen auf Ost- beziehungsweise Westdeutsche] mit steigendem Lebensalter angenommen. Demnach wären beispielsweise die ostdeutschen Befragten, welche aufgrund ihres Lebensalters keine oder lediglich eine sehr kurze Sozialisation in der DDR erfahren konnten, auch weniger stark auf die Betonung ihrer ostdeutschen Herkunft und deren Hervorhebung bedacht. In ähnlicher Weise verhielte es sich mit den westdeutschen Befragten.

III.) Zu prüfen war ebenfalls, ob und wenn ja in welcher Weise ein Zusammenhang zwischen den individuellen Einstellungen und dem Einkommen der Probanden festzustellen ist. Hierbei wird das Einkommen als Grad des pekuniären Erfolgs innerhalb des wiedervereinigten Deutschlands betrachtet, welcher gegebenenfalls Rückschlüsse auf die Angepasstheit an die neuen/ alten Gegebenheiten zulässt.

3.2 Vorgehen

Um die angeführten Forschungsfragen beantworten zu können, waren im Vorfeld der Untersuchung begriffliche Bestimmungen erforderlich, welche im Folgenden erläutert werden. Unter dem Begriff „Einstellungen" kumulieren wir in der vorliegenden Arbeit sämtliche Bewertungen der Befragten und ihres persönlichen Umfeldes [beispielsweise des Arbeitsumfeldes], in Bezug auf die neuen und alten Bundesländer sowie deren Bevölkerung. Für die Einordnung in die Kategorie „Ostdeutscher" beziehungsweise „Westdeutscher" wurde in der Erhebung lediglich der Geburtsort herangezogen. So beinhaltet die Bezeichnung in dieser Arbeit lediglich eine Aussage über den Geburtsort der Person. Ferner wurde in diesem Zusammenhang erhoben, ob und wann sich ein Umzug des Befragten in den jeweils anderen Teil der Bundesrepublik ereignet hatte, um auf das jeweilige Wohnumfeld [hier im Sinne Ost- oder Westdeutschland] schließen zu können. Zur Prüfung der zweiten Hypothese war es notwendig, die Befragten in Altersgruppen einzuteilen. Dies geschah, bezogen auf die Gesamtheit der Befragten, in einer groben Dreiteilung. Hintergrund war es hierbei, die Befragten mit zeitlich geringem „Vorwiedervereinigungsleben" von denjenigen mit mittlerem, beziehungsweise langfristigem, zu trennen. Die erste Altersgruppe umfasste die Geburtenjahrgänge von 1950 bis 1964, die zweite von 1965 bis 1980 und die dritte die Geburtenjahrgänge ab 1981. Ferner wurde bei der Auswahl der Befragten erwogen, dass keine Personen mit Sozialisationserfahrungen vor 1945 und ohne aktive Arbeitserfahrung im wiedervereinigten Deutschland befragt werden sollten, so kam es zum Ausschluss der Geburtenjahrgänge bis einschließlich 1945 und von Befragten ohne sozialversicherungspflichtige berufliche Tätigkeit im wiedervereinigten Deutschland von der Befragung. Sozialisation wird in diesem Zusammenhang als eine „'Entwicklung im Kontext'" (Hervorh. i. Orig.) (Nestvogel 2008, S.161) betrachtet, welche sowohl gesellschaftliche, als auch individuelle Prozesse impliziert (vgl. Nestvogel 2008, S.161f.). Somit geht das Forscherteam weder von einer beherrschenden Rolle des Individuums, noch der Gesellschaft im Zuge dieser Anpassung an Gegebenheiten aus. Folglich ist die vollständige Überprägung der individuellen Persönlichkeit, beispielsweise durch staatliche Institutionen in der Zeit der DDR, nicht als durchführbar vorausgesetzt. Vielmehr handelt es sich bei Sozialisation in diesem Sinne um ein Konglomerat von durch die soziale Umwelt erwünschten sowie den individuell gebilligten und durchgeführten Anpassungsprozessen. Allerdings geht das Forschungsteam entsprechend der zweiten Hypothese davon aus, dass der dauerhafte Aufenthalt in einem, auf bestimmte Weise geprägten, sozialen Umfeld eine mit der Zeit zunehmende Prägung von Einstellungen und Wertvorstellungen bewirkt.

Um die dritte Forschungshypothese beantworten zu können, wurden die Befragten nach dem Nettoeinkommen ihres Haushaltes befragt. Basierend auf der Zuordnung der Befragten gemäß der Angabe ihres Geburtsortes und gegebenenfalls des Umzugsjahres sowie den Daten des Statistischen Bundesamtes für durchschnittliche Nettohaushaltseinkommen wurden die Haushaltseinkommen nach über- und unterdurchschnittlichen Werten geordnet. Das durchschnittliche Haushaltseinkommen betrug für das erste Halbjahr 2003 für die neuen Bundesländer 2233 Euro und für die alten Bundesländer 2895 Euro (vgl. Statistisches Bundesamt 2004, S.9).

Abbildung 1: Nettoeinkommen privater Haushalte

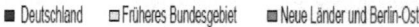

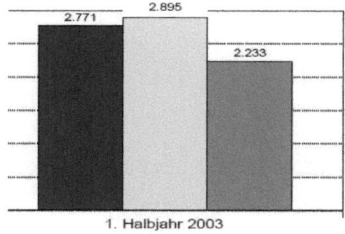

Quelle: Statistisches Bundesamt 2004, S.9

Nach der Darstellung der Hypothesen und des Vorgehens, welches erforderlich war, um diese nachprüfbar zu machen war es erforderlich, einen passenden Forschungsansatz und ein entsprechendes Erhebungsinstrument zu kreieren. Daher wird der nächste Abschnitt sich mit eben diesen Arbeitsschritten des Forscherteams auseinandersetzen.

4. Zugang

Im Zuge der Betrachtung des Sachverhaltes musste entschieden werden, ob die Erforschung der Hypothesen besser nach einem qualitativen oder einem quantitativen Ansatz erfolgen sollte. Die Vorteile eines qualitativen Ansatzes bei dieser Fragestellung liegen in der Möglichkeit auf die einzelnen Befragten einzugehen und deren Einstellungen und Gedanken nachvollziehbar zu dokumentieren. Diese Methode ermöglicht es, bei Unklarheiten den Befragten tiefgründiger zu interviewen, sowie subjektive Beweggründe für eine bestimmte Einstellung oder eine Veränderung der Einstellung festzustellen. Die Vorteile eines quantitativen Vorgehens liegen hingegen bei einer höheren Anzahl an Befragten und einer viel schichtigen Erhebung von Daten. Die Absicht des Autorenteams war es, Einstellungen auf der Subjektebene festzustellen. Bezug nehmend auf die Hypothesen, ging es darum, diese subjektiven Einstellungen in verschiedensten Altersklassen, Geburtsorten, sowie Einkommensgruppen zu untersuchen. Aus der Tatsache heraus, dass für die Erforschung dieser Hypothesen kein Expertenwissen benötigt wurde, entschieden sich die Autoren für einen quantitativen Zugang.

4.1 Fragebogenkonstruktion

Nach der Entscheidung für einen quantitativen Ansatz wurde beschlossen, dass die Erhebung der Daten anhand eines Fragebogens geschehen sollte. Aufgrund der Fragestellung war es nicht zweckmäßig, zu zählen, zu testen oder zu beobachten. Nur durch eine Befragung war es möglich, die Einstellungen der Befragten zu erfassen. Da keinerlei finanzielle Mittel für das Forschungsprojekt zur Verfügung standen, wurde von einer telefonischen, sowie einer postalischen Befragung abgesehen. Eine computervermittelte Befragung wurde ebenfalls ausgeschlossen, da man über dieses Medium wahrscheinlich keine älteren Personen erreichen hätte können. Um die Vielzahl von Daten auswerten zu können, entschied sich das Autorenteam für einen standardisierten Fragebogen.

Dieser Fragebogen wurde in drei Abschnitte gegliedert. Der erste Abschnitt diente der Erfassung der persönlichen Daten. Vom Fragenkomplex eins bis einschließlich Fragenkomplex drei, sollte der Befragte sein Geburtsjahr, sein Geschlecht, den Familienstand, seine höchsten Bildungsabschluss, seinen Geburtsort sowie verschiedene Verwandtschaftsbeziehungen angeben. Dabei wurde das Geburtsjahr offen erhoben, um nach abgeschlossener Datenerhebung

Altersgruppen für die Beantwortung von Hypothese II, einer Zunahme von Distanzierung zu der jeweils anderen Bevölkerungsgruppe [hier bezogen auf Ost- beziehungsweise Westdeutsche] mit steigendem Lebensalter, zu ermöglichen und dabei die Altersgruppen flexibel anpassen zu können. Geschlecht und Geburtsort wurden geschlossen erhoben, da nur ein Geburtsort in der Bundesrepublik Deutschland, beziehungsweise der ehemaligen Deutschen Demokratischen Republik, von Relevanz war. Dies bedeutete, dass jeder, der nicht in einem der beiden Staaten geboren wurde, nicht an der Erhebung teilnehmen konnte, um eine Sozialisation aus einem anderen Land auszuschließen. Im ersten Abschnitt des Fragebogens wurden alle anderen Fragen hybrid erhoben, so dass sich jeder Befragte, zum Beispiel bei der Frage nach dem Bildungsabschluss, einer Antwortmöglichkeit zuordnen, beziehungsweise diese in ein offenes Feld eintragen, konnte.

Der zweite Abschnitt diente der Erfassung des Nettoeinkommens des gesamten Haushalts des Befragten pro Monat, sowie einer Feststellung des Wissens über die Zeit vor der Wiedervereinigung anhand von zwei Fragen. Dieser Abschnitt beinhaltet Fragenkomplex fünf bis einschließlich Fragenkomplex sieben. Das Nettoeinkommen wurde offen erhoben. Dieses wurde zur Auswertung gemäß über- und unterdurchschnittlichen Werten geordnet (vgl. Statistisches Bundesamt 2004, S.9) und diente der Bearbeitung der Hypothese III, welche danach fragt, ob ein Zusammenhang zwischen den individuellen Einstellungen und dem Einkommen der Befragten besteht.

Der dritte Abschnitt erhebt die Einstellung der einzelnen Befragten auf der Subjektebene gegenüber Ost-, beziehungsweise Westdeutschen. Er beinhaltete Fragenkomplex vier und acht. Fragenkomplex vier diente hierbei zur Selbstreflexion, ob sich der Befragte beispielsweise eher als Deutscher oder Europäer ansieht. Fragenkomplex acht beinhaltete 37 Items, welche in einer Likert-Skala (vgl. Bortz/ Döring 2006, S. 224) mit eins bis sechs beantwortet werden mussten. Die Zahlen sollten in ein Kästchen rechts neben der Frage stehend eingesetzt werden, um somit die Konzentration des Befragten aufrecht zu halten, sowie ein einfaches „Durchkreuzen" einer bestimmten Kategorie zu vermeiden. Hinzu kam, dass die Antwortfelder jeweils versetzt waren, was die Aufmerksamkeit ebenfalls steigern sollte. Betitelte ein Befragter eine Frage mit „1", so gab er dieser keine Zustimmung. Betitelte er eine Frage mit „6", so gab er dieser Frage eine sehr starke Zustimmung. Durch eine gerade Anzahl von Abstufungen und somit keinen Mittelwert, erhoffte sich das Autorenteam die

Schwierigkeit einer neutralen Mittelkategorie, welche auch als „weiß nicht" interpretiert werden kann, (vgl. Bortz/ Döring 2006, S. 224) zu umgehen. Innerhalb dieser 37 Items wurden zwei Infrequenzfragen eingefügt. Diese beiden Items waren verteilt auf Frage 8.13 und 8.32, womit das Autorenteam die Konzentration des Befragten bis zum Ende des Fragebogens fördern wollte. Hätte ein Befragter beide Fragen nicht mit „1" beantwortet oder diese gestrichen, so wäre sein Fragebogen ungültig gewesen und wäre durch das Autorenteam nicht für die Auswertung bearbeitet worden, da das Autorenteam davon hätte ausgehen müssen, dass der Befragte den Fragebogen durchgekreuzt hat oder seine Konzentration für ein gewissenhaftes Antworten zu niedrig sei. Diese beiden Infrequenzfragen, „Letzes Jahr war ich im Urlaub in Samoa" und „Ich begegnete im letzten Jahr dem Dalai Lama und er scheint nett zu sein", waren so gestellt, dass es auch keine anderen Antwortmöglichkeiten gab. Dem Erachten des Autorenteams nach, waren beide Ereignisse für die Befragten nahezu unmöglich.

Die 35 Items des Fragenkomplexes acht zur Erhebung der Einstellung der Befragten gegenüber Ost-, beziehungsweise Westdeutschen, wurden im Wesentlichen aus verschiedener Literatur abgeleitet. Item neun wurde aus einer Studie des Institutes für Demoskopie Allensbach kreiert, welche West- und Ostdeutsche fragte, ob verschiedene geschichtliche Ereignisse in der Zeit von zwei geteilten deutschen Staaten, subjektiv die richtige Entscheidung waren. Diese Studie fragte, ob die Öffnung der deutsch-deutschen Grenzen richtig war (vgl. Deutz-Schroeder/ Schroeder 2008, S. 50). Aus dieser Studie konstruierte das Autorenteam die Frage „Die Mauer sollte wieder aufgebaut werden!". Ebenfalls diente eine Studie aus dem Jahr 1990 als Basis für Items, die nach Rechtsradikalismus fragten (vgl. Deutz-Schroeder/ Schroeder 2008, S. 53). Ein Beispiel dazu ist Item zwei „Ostdeutsche haben eine Neigung zu Rechtsradikalismus". Die Arbeitsplatzsituation, nach welcher beispielsweise Item 19 „Ich glaube nicht, dass Westdeutsche mehr arbeiten, als Ostdeutsche" und Item 34 „Westdeutsche streben nur nach Karriere und interessieren sich nicht für ihre Kollegen" fragten, wurde ebenfalls aus einer Vergleichsstudie abgeleitet (vgl. Deutz-Schroeder/ Schroeder 2008, S. 303). Die Items, welche nach der subjektiven Einstellung der Befragten gegenüber der Einstellung einer Person mit anderem Geburtsort fragten, wurden im Wesentlichen von einer vergleichenden Befragung von über 5000 Schülern in ganz Deutschland abgeleitet (vgl. Deutz- Schroeder/ Schroeder 2009, S. 35 – 69). Ein Beispiel hierfür ist das Item fünf, „Westdeutsche sind arrogant".

Ziel war es, die Summe der Mittelwerte der Items der jeweiligen Bevölkerungsgruppe miteinander zu vergleichen. Die Items waren so gestellt, dass eine höhere Einstufung (bei nicht gedrehten Items), eine radikalere Meinung zur anderen Bevölkerungsgruppe darstellt und man somit eine stärkere Abgrenzung und Unterscheidung von der jeweils anderen Bevölkerungsgruppe, sowie eine positivere Bewertung der eigenen Herkunft feststellen kann. Dies war Grundlage, um nach abgeschlossener Erhebung die Hypothesen zu verifizieren, beziehungsweise zu falsifizieren.

4.2 Pre-Test

Zur Prüfung und Verbesserung des Fragebogens führte das Autorenteam im Juni 2009 einen Pre-Test durch. Dieser erste Fragebogen wurde 12 Personen vorgelegt, welche sich aufgrund von Erfahrungen mit empirischen Erhebungen als Tester empfahlen oder aus dem studentischen Umfeld der Helmut–Schmidt–Universität Hamburg kamen. Durch den Pre-Test wurden mögliche Mängel beim Fragenkomplex zwei bis vier aufgedeckt und durch das Hinzufügen weiterer Antwortmöglichkeiten beseitigt. Bei den Items zeigten sich hierbei keine Verständnisprobleme. Des Weiteren wurde nach dem Pre-Test das Layout des Fragebogens ansprechender gestaltet werden, sowie die Frage nach dem monatlichen Einkommen präzisiert.

5. Erhebung

Aufgrund des Anspruches, die Einstellung von Ost- und Westdeutschen zu erheben, mussten Teile der Stichprobe auf dem Gebiet der ehemaligen Deutschen Demokratischen Republik und Teile auf dem damaligen Gebiet der Bundesrepublik Deutschland erhoben werden. Ein Teil der Erhebung wurde in der Hansestadt Hamburg und ein weiterer Teil der Erhebung in Dresden, sowie in Stralsund durchgeführt. Die Erhebung in Hamburg wurde am 17.10.2009 auf der Mönckebergstraße durchgeführt. Dieser Ort wurde gewählt, weil er eine der Haupteinkaufsstraßen Hamburgs ist und sich das Autorenteam davon versprach, möglichst viele verschiedene Befragte für die Erhebung gewinnen zu können. Die Erhebung in Dresden wurde am 18.07.2009 durch Robert Barth auf dem Postplatz durchgeführt, sowie am 19.07.2009 auf dem Trachenberger Platz. Beide Orte stellen in Dresden zentrale Verkehrsknotenpunkte dar und waren somit für die Erhebung sehr gut geeignet. Die Erhebung in Stralsund wurde durch Christof Kaczmarkiewicz am 01.08.2009 auf dem Neuen Markt, einem speziell am Wochenende sehr belebten Punkt in Stralsund, durchgeführt. Daher ist die Stichprobe eine Add-hoc Stichprobe, da zwar die Befragten zufällig ausgewählt wurden, jedoch jene um Teilnahme gebeten wurden, die an den oben genannten Tagen und Orten zur Verfügung standen. Insgesamt wurden 116 Fragebögen verteilt von denen 83 gültig und vollständig ausgefüllt an das Autorenteam zurück kamen. Während die Befragten die Fragebögen ausfüllten, waren die Autoren stets in Rufweite, um eventuelle Unklarheiten zu klären.

Die Stichprobe besteht aus 33 Befragten, die auf dem ehemaligen Gebiet der Bundesrepublik Deutschland und aus 50 Befragten, die auf dem Gebiet der ehemaligen Deutschen Demokratischen Republik geboren sind. Aus der Vorüberlegung zu Hypothese II, Zunahme von Distanzierung zu der jeweils anderen Bevölkerungsgruppe [hier bezogen auf Ost- beziehungsweise Westdeutsche] mit steigendem Lebensalter heraus, stellte das Autorenteam drei Altersgruppen auf. Die Vorüberlegung, die Einstellung der Bevölkerungsgruppe mit steigendem Lebensalter zu erforschen, prägte die Einteilung in die Altersgruppen. Zunächst legte das Autorenteam fest, dass niemand an der Erhebung teilnehmen durfte, der vor Jahrgang 1949 und nach Jahrgang 1990 geboren ist. Die obere Grenze wurde festgelegt, da das Autorenteam jegliche Sozialisation aus dem Dritten Reich, sowie der Nachkriegszeit ausschließen und nur Befragte mit einer Sozialisation aus den zwei Deutschen Staaten erfassen wollte. Die untere Grenze ist der Wiedervereinigung geschuldet. Ziel war es, die

Altersgruppen nach bestimmten Eigenschaften zu verteilen. So sollte nach der Vorüberlegung die Altersgruppe eins alle Befragte beinhalten, die Jahrgang 1969 und älter sind, wobei diese im jeweiligen System ein eventuelles Studium und den Arbeitsalltag als Sozialisationshintergrund hatten. Altersgruppe zwei sollte die Befragten, die zwischen 1970 und 1984 geboren sind, erfassen. Diese waren zur Zeit der Wiedervereinigung zwischen 6 und 20 Jahren alt und haben die Schulzeit, meist die Ausbildungszeit und eventuell die ersten Jahre in der Arbeitswelt im jeweiligen System miterlebt. Die Altersgruppe drei sollte Befragte beinhalten, die zwischen 1985 und 1990 geboren sind. Damit wäre Altersgruppe drei zur Zeit der Wiedervereinigung zwischen 0 und 5 Jahren gewesen und hätte maximal eine Kindergartenzeit in dem jeweiligen System erlebt. Diese Gruppen aus der Vorüberlegung wurden nach der Erhebung modifiziert. Es ergab sich eine Neuverteilung der Altersgruppen.

Altersgruppe eins beinhaltet 11 westdeutsche und 20 ostdeutsche Befragte, die zwischen 1950 und 1964 geboren sind. Altersgruppe zwei beinhaltet 13 westdeutsche und 11 ostdeutsche Befragte, welche zwischen 1965 und 1980 geboren sind. Altersgruppe drei beinhaltet 9 westdeutsche und 19 ostdeutsche Befragte, die zwischen 1981 und 1988 geboren sind. Diese Einteilung erschließt sich aus der Verteilung der gesamten Stichprobe. Verglichen mit der Vorüberlegung spielt dies jedoch im Vergleich der Altersgruppen eine geringe Rolle.

6. Auswertung

Bevor in diesem Kapitel die Auswertung der drei zuvor genannten Hypothesen erfolgen soll, ist vorerst festzuhalten, dass das Ergebnis aufgrund der Stichprobengröße nicht repräsentativ ist, da die Stichprobe nicht die Grundgesamtheit der Population wiederspiegelt und die Stichprobe eine Addhoc Stichprobe darstellt und somit die Befragten nicht zufällig, sondern die gerade Verfügbaren, ausgewählt wurden.

Nachdem die Daten erhoben wurden, wurden diese in das Computerprogramm PASW eingegeben. Um alle drei Hypothesen bearbeiten zu können, war es von Nöten, die aussagekräftigen Items des Fragenkomplexes acht von den Items zu trennen, die eine zu geringe Spannweite im Antwortverhalten zwischen Minimum und Maximum der gesamten Stichprobe aufwiesen. Die Antworten von jedem Item wurden in vier Quartile aufgeteilt und deren Mittelwerte gebildet. Die Antworten, welche einen Unterschied zwischen Minimum und Maximum von 0,5 Punkten unterschritten, wurden für die Auswertung nicht weiter betrachtet. Einige Fragen waren in negierter Form gestellt und wurden in der Itemwertigkeit zur Auswertung gedreht. Dies betrifft Item 6, 8, 11, 14, 15, 19, 27, 31, 35, 36 und 37. Da alle Fragen allen Befragten gestellt wurden, wurde als nächstes eine Vorüberlegung angestellt, dass einige Fragen nur eine Aussage über die Einstellung eines in der Bundesrepublik Deutschland geborenen Befragten gegenüber eines Befragten, der in der Deutschen Demokratischen Republik geboren ist, wiederspiegeln und einige Fragen nur eine Einstellung eines in der Deutschen Demokratischen Republik geborenen Befragten gegenüber eines Befragten, der in der Bundesrepublik Deutschland geboren ist, wiederspiegeln, sowie einige Items von beiden Gruppen als Aussagekräftig gelten müssten. Des Weiteren wurde die Stichprobe bezüglich des Einkommens in zwei Gruppen eingeteilt. Gruppe eins besteht aus 20 Befragten die in West- und 26 Befragten die in Ostdeutschland geboren sind. Diese Gruppe beinhaltete alle Befragten, die in den alten Bundesländern geboren sind und nach eigenen Angaben ein durchschnittliches Haushaltseinkommen unter 2895 haben und alle Befragten, die in den neuen Bundesländern geboren sind und ein durchschnittliches Haushaltseinkommen unter 2233 Euro haben (vgl. Statistisches Bundesamt 2004, S.9). Alle Befragten, die über den jeweiligen Werten liegen, wurden der Gruppe zwei zugeordnet. Somit beinhaltet Gruppe zwei 13 westdeutsche und 24 ostdeutsche Befragte.

Um im darauf folgenden Schritt einen Mittelwert für die jeweilige Gruppe und deren Einstellung ermitteln zu können, sowie eine Prüfung der Zuverlässigkeit der Ergebnisse zu erzielen, wurde eine Faktorenanalyse durchgeführt. In der rotierten Komponentenmatrix luden auf Faktor eins die Items 2, 3, 4, 18, 20, 25, 26, 33, sowie 27d, welche später die erklärenden Items für die Einstellung der westdeutschen Befragten darstellten. Auf Faktor drei luden die Items 1, 5, 12, 21 und 34, welche später die Einstellung der ostdeutschen Befragten darstellten. Kriterium war eine Ladung von mindestens 0,5 zu dem Faktor. Aus den jeweiligen Items wurde ein additiver, ungewichteter Index gebildet.

In den folgenden Unterkapiteln werden die einzelnen Hypothesen, sowie deren Verifizierung beziehungsweise Falsifizierung dargestellt.

6.1 Hypothese I

H1: Es gibt einen Unterschied zwischen Ostdeutschen gegenüber Westdeutschen und Westdeutschen gegenüber Ostdeutschen auf der Einstellungsebene.

H0: Es gibt keinen Unterschied zwischen Ostdeutschen gegenüber Westdeutschen und Westdeutschen gegenüber Ostdeutschen auf der Einstellungsebene.

Der Mittelwert der Einstellung der westdeutschen Befragten gegenüber den ostdeutschen Befragten liegt bei 3,06 (vgl. Abbildung 2). Der Mittelwert der Einstellung der ostdeutschen Befragten gegenüber den westdeutschen Befragten liegt bei 2,86 (vgl. Abbildung 3). Um Hypothese I beantworten zu können, wurde ein Einstichproben-t-Test durchgeführt. Dieser ergab, dass es keinen signifikanten Unterschied in der Einstellung von Ostdeutschen gegenüber Westdeutschen und Westdeutschen gegenüber Ostdeutschen gibt (vgl. Abbildung 4). Somit wird H1 verworfen und H0 angenommen.

6.2 Hypothese II

H1: Es gibt einen Unterschied in der Einstellung von Westdeutschen, beziehungsweise Ostdeutschen, zur jeweils anderen Bevölkerungsgruppe mit steigendem Lebensalter.

H0: Es gibt keinen Unterschied in der Einstellung von Westdeutschen, beziehungsweise Ostdeutschen, zur jeweils anderen Bevölkerungsgruppe mit steigendem Lebensalter.

Die Einstellung der westdeutschen Befragten gegenüber der ostdeutschen Bevölkerung wurde eingeteilt nach den oben genannten Altersgruppen (vgl. Abbildung 5). Der Mittelwert von Altersgruppe eins liegt bei 3,23, sinkt bei Altersgruppe zwei auf 2,97 ab und bleibt bei Altersgruppe drei gleich. Ebenso wurde die Einstellung der ostdeutschen Befragten gegenüber den westdeutschen Befragten eingeteilt. Der Mittelwert von Altersgruppe eins liegt hier bei 3,19. Er sinkt bei Altersgruppe zwei auf 2,38 ab und steigt bei Altersgruppe drei auf 2,78 an (vgl. Abbildung 6). Um Hypothese II beantworten zu können, wurden Einstichproben-t-Tests durchgeführt (vgl. Abbildungen 7-12).

Bei keinem der in Abbildung 7, 8 und 9 durchgeführten T-Tests kam es zu einem signifikanten Unterschied. Dies bedeutet, dass es keinen Unterschied in der Einstellung von Westdeutschen zu Ostdeutschen mit steigendem Lebensalter gibt.

Bei der Einstellung von Ostdeutschen gegenüber Westdeutschen stellte das Autorenteam hingegen einen signifikanten Unterschied zwischen Altersgruppe eins und zwei (vgl. Abbildung 10). Keine der Altersgruppen unterscheidet sich hingegen signifikant zur Altersgruppe drei. Dies bedeutet, dass die Ostdeutschen, die zwischen 1950 und 1964 geboren sind eine signifikant andere Einstellung zu Westdeutschen haben, als die Ostdeutschen, die zwischen 1965 und 1980 geboren sind. Die Ostdeutschen, die zwischen 1981 und 1988 geboren sind, zeigen hingegen keine signifikanten Unterschiede in ihrer Einstellung zur Altersgruppe eins und zwei. Dennoch kann man bezogen auf die Alternativhypothese nicht von einem signifikanten Unterschied ausgehen. H1 wird verworfen und H0 angenommen.

6.3 Hypothese III

H1: Es gibt einen Zusammenhang von durchschnittlichem Haushaltseinkommen und der Einstellung von Ostdeutschen gegenüber Westdeutschen und Westdeutschen gegenüber Ostdeutschen.

H0: Es gibt keinen Zusammenhang von durchschnittlichem Haushaltseinkommen und der Einstellung von Ostdeutschen gegenüber Westdeutschen und Westdeutschen gegenüber Ostdeutschen.

Um diese Hypothese verifizieren, beziehungsweise falsifizieren, zu können, wurde eine Korrelationsanalyse durchgeführt. Weder die Daten der ostdeutschen, noch die Daten der westdeutschen Befragten zeigten einen Zusammenhang zwischen ihrer Einstellung gegenüber der jeweils anderen Bevölkerungsgruppe und dem durchschnittlichen Haushaltseinkommen (vgl. Abbildung 13, 14). Dies wird noch deutlicher bei den Abbildungen 2 und 3, welche die Korrelationsanalysen grafisch darstellen.

Abbildung 2: Ergebnis der Korrelationsanalyse zum Zusammenhang von Einkommen und Einstellung der westdeutschen Befragten (grafisch)

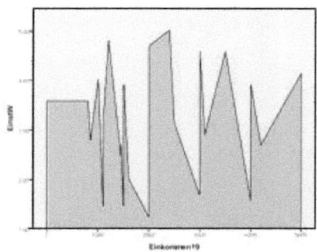

Quelle: Eigene Erhebung 2009

Abbildung 3: Ergebnis der Korrelationsanalyse zum Zusammenhang von Einkommen und Einstellung der ostdeutschen Befragten (grafisch)

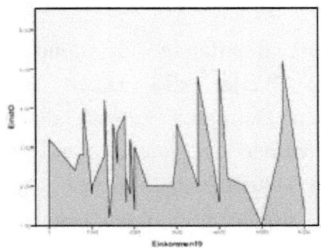

Quelle: Eigene Erhebung 2009

Da weder eine Korrelation, noch eine Normalverteilung, erkennbar ist, wird H1 verworfen und H0 angenommen.

7. Fazit

Das Autorenteam stellte im dritten Kapitel der vorliegenden Arbeit das dieser Arbeit zugrunde liegende Forschungsfeld ausschnittartig dar und stellte heraus, dass die Ansichten über die Ursachen von subjektiven Unterscheidungen durch die Bundesbürger zwar differieren, dass jedoch eine solche selbst nur von Wenigen in Abrede gestellt wird (vgl. Scheiner et al. 1999, S.8 f.). Innerhalb des vierten Kapitels erfolgte die Darstellung der Forschungshypothesen, welche leitend für weitere Schritte im Forschungsprozess waren. Ferner wurde eine Klärung von Begrifflichkeiten für diese Arbeit vorgenommen, um Mehrdeutigkeiten auszuschließen. In Kapitel 5 wurde der Zugang des Projektes zum quantitativen Forschungsansatz beschrieben, sowie die Konstruktion des Fragebogens. Dabei stellte das Autorenteam die Gliederung des Erhebungsinstruments dar und gewährte Einblicke in die Itemkonstruktion. Anschließend wurden die Ergebnisse des Pre-Tests dargestellt. In Kapitel 6 erfolgte die Beschreibung der Stichprobe. Es wurde aufgezeigt, wo, wann und wie die Stichprobe erhoben wurde. Des Weiteren wurden der Umfang und die Einteilung der Stichprobe in Altersgruppen erläutert. In Kapitel 7 erfolgte die Betrachtung der Hypothesen anhand der erhobenen Daten durch das Autorenteam.

Das Autorenteam musste feststellen, dass alle drei Hypothesen nicht, beziehungsweise nicht in ihrer hier verwendeten Formulierung durch die erhobenen Daten der erfolgten Befragung gestützt wurden. Festzustellen war allerdings, dass in der verwendeten Stichprobe die ostdeutschen Befragten, welche zwischen 1950 und 1964 geboren sind, eine signifikant stärkere Unterscheidung gegenüber Westdeutschen durch ihre Einstellungswerte erkennen ließen, als die ostdeutschen Befragten, die zwischen 1965 und 1980 geboren sind (vgl. Abbildung 12). Ähnliche Befunde ergaben sich hinsichtlich der westdeutschen Befragten, deren Geburt zwischen 1950 und 1964 angegeben wurde, allerdings waren die Unterschiede zu den beiden weiteren westdeutschen Altersgruppen nicht signifikant (vgl. Abbildung 11).

Es konnte im Zuge der vorliegenden Arbeit kein Zusammenhang zwischen dem Einkommen der Befragten und deren Einstellung festgestellt werden. Da diese Aussage jedoch nur auf die hier verwendete Stichprobe zutrifft und nicht repräsentativ für die Gesamtpopulation ist, könnte dieser Ansatz weiterhin mit einer größeren Stichprobe untersucht werden. Die angenommenen Unterschiede zwischen den einzelnen Bevölkerungs-, Alters- und Einkommensgruppen, ließen sich somit in dieser Arbeit empirisch, mit Ausnahme der benannten Unterschiede im Bereich der ostdeutschen Befragten, nicht nachweisen. Die Fragestellung, inwieweit es noch eine bewusste Unterscheidung zwischen Ost- und Westdeutschen auf der Subjektebene, beziehungsweise eine „Mauer in den Köpfen" gibt, ist somit dahingehend zu beantworten, dass in der Tat eine solche feststellbar war, denn die Antworten der Befragten entsprachen durchschnittlich einer schwachen Zustimmung zu auf Differenzen abzielenden Fragen (vgl. Abbildung 4/5). Fraglich ist in diesem Zusammenhang, ob eine Vereinigung der Gesellschaft zwangsläufig auch eine Negierung jeglicher Unterschiede bedeuten muss. Der Argumentation von Mummendey und Kessler folgend, ist die Betonung der eigenen Herkunft sowie Identität keinesfalls als konkurrierend zu übergeordneten Identitäten zu verstehen (vgl. Mummendey/ Kessler 2000, S.278f.) Die Ergebnisse der Auswertung der Befragungsergebnisse des Items 16 [Wir sind alle Deutsche] unterstützen diese These, da hierbei durchschnittlich eine starke Zustimmung geäußert wurde (vgl. Abbildung 17). Diesem Gedankengang folgend ist die Abgrenzung zwischen Ost- und Westdeutschen auf der Subjektebene keinesfalls als Verneinung der gemeinsamen Zusammengehörigkeit zu verstehen, sondern eher als eine dieser Zugehörigkeit untergeordnete Ebene. Den Zusammenhang dieser Identitäten weiterführend im Kontext des wiedervereinigten Deutschlands zu betrachten stellt sich aus Sicht der Autoren als verfolgenswerter Ansatz dar.

Während des Praxisprojektes löste das Autorenteam verschiedene und zum Teil vielschichtige Probleme, auszugsweise werden im Anschluss daher einige überblicksartig dargestellt. Obwohl der Pre-Test keine Mängel in der Itemgestaltung erkennen ließ, kam es während der Erhebung zu heftiger Kritik einzelner Befragter, was in einigen Fällen zum Abbruch der Erhebung durch die entsprechenden Personen führte. Beispielsweise fühlten sich Befragte durch Fragestellungen, wie in Item 3 („Ostdeutsche sind eher faul") persönlich angegriffen. Andere Personen monierten, dass verschieden Items nur mit 1 oder 6 zu beantworten wären oder waren nicht gewillt ihr Gehalt anzugeben. Weitere Probleme ergaben sich bei der Wahl der Erhebungsorte. Zunächst war von den Autoren für die in Hamburg durchzuführende Erhebung ein Einkaufszentrum vorgesehen, um dort eine möglichst große Zahl von potenziellen Teilnehmern für die Befragung in möglichst angenehmer Umgebung zu erreichen, jedoch erteilten mehrere Centermanagements diesem Unterfangen eine Absage.

Infolgedessen war ein Ausweichen auf eine Straßenbefragung trotz widriger Witterungsverhältnisse unumgänglich, was wiederum zu einem erhöhten Zeitbedarf für die Erhebung führte. Anfangs unzureichende Kenntnisse im Umgang mit dem Statistikprogramm PASW führten zu einer verlängerten Anlaufphase für die Auswertung des Praxisprojektes.

8. Literaturverzeichnis

Bortz, J./ Döring N. (2006): Forschungsmethoden und Evaluation für Human- und Sozialwissenschaftler. Berlin, Heidelberg: Springer Medizin Verlag.

Deutz-Schroeder, M./ Schroeder, K. (2008): Soziales Paradies oder Stasi-Staat?: Das DDR-Bild von Schülern – ein Ost-West-Vergleich. In: März, P./ Schroeder, K. (Hrsg.): Studien zu Politik und Geschichte. Band 6. Berlin und München: Verlag Ernst Vögel.

Deutz-Schroeder, M./ Schroeder, K. (2009): Oh, wie schön ist die DDR: Kommentare und Materialien zu den Ereignissen einer Studie. Schwalbach/ Ts.: Wochenschau Verlag.

Freis, B./ Jopp, M. (2001): Spuren der deutschen Einheit – Wanderungen zwischen Theorien und Schauplätzen der Transformation. Frankfurt am Main [u.a.]: Lang.

Häder, M. (Hrsg.) (1991): Denken und Handeln in der Krise: Die DDR nach der „Wende": Ergebnisse einer empirisch-soziologischen Studie. Berlin: Akademie Verlag GmbH.

Lay, C./ Potting, C. (1995): Lernen von Mauerspechten – Innere Einheit und politische Bildung.

In: Lay, C./ Potting, C. (Hrsg.) Gemeinsam sind wir unterschiedlich. Deutsch-deutsche Annäherungen. Bonn: Bundeszentrale für politische Bildung. S.9-12.

Mummendey, A./ Kessler T. (2000): Deutsch- deutsche Fusion und soziale Identität- Sozialpsychologische Perspektiven auf das Verhältnis von Ost- zu Westdeutschen. In: Esser, H. (Hrsg.) Der Wandel nach der Wende – Gesellschaft, Wirtschaft, Politik in Ostdeutschland. Wiesbaden: Westdeutscher Verlag.

Nestvogel, R. (2008): Sozialisationstheorien: Traditionslinien, Debatten und Perspektiven. In: Becker, R./ Kortendiek, B. (Hrsg.): Handbuch Frauen- und Geschlechterforschung. Theorie, Methoden, Empirie. Wiesbaden: VS-Verlag. S.159-170.

Rehberg, K.-S. (2000): „Großexperiment" und Erfahrungsschock. Zu einer Forschungsinitiative über das Zusammenwachsen der Deutschen. In: Esser, H. (Hrsg.): Der Wandel nach der Wende – Gesellschaft, Wirtschaft, Politik in Ostdeutschland. Wiesbaden: Westdeutscher Verlag.

Scheiner, J./ Illig, A.; Lichtenberg, Hartmut (1999): Die Mauer in den Köpfen - und in den Füßen?: Wahrnehmungs- und Aktionsraummuster im vereinten Berlin. Berlin: Freie Universität.

Statistisches Bundesamt (2004): Wirtschaftsrechungen - Einkommens- und Verbrauchsstichprobe Ausgewählte Ergebnisse zu den Einkommen und Ausgaben privater Haushalte. Wiesbaden: Statistisches Bundesamt.

Internetquellen

I1:

Sueddeutsche.de (2009): Die Montagsfrage – Steht die Mauer in den Köpfen noch? URL: http://www.sueddeutsche.de/politik/489/493832/text/, Stand: 08.12.2009.

I2:

Judt, Mathias (1999): Ein kalter Bürgerkrieg. [Leserbrief zu] Christoph Dieckmann: Böser Westen. In: Die Zeit, Nr. 23 (1999). URL: http://www.zeit.de/1999/23/Ein_kalter_Buergerkrieg, Stand: 09.12.2009.

9. Anhang

Abbildung 4: Einstellung Westdeutscher gegenüber Ostdeutschen (n=33; 1=keine Zustimmung, 6=sehr starke Zustimmung)

Deskriptive Statistik

	N	Spannweite	Minimum	Maximum	Summe	Mittelwert	Standardabweichung	Varianz
EinstW	33	3,78	1,22	5,00	101,00	3,0606	1,07335	1,152
Gültige Werte (Listenweise)	33							

Quelle: eigene Erhebung 2009

Abbildung 5: Einstellung Ostdeutscher gegenüber Westdeutschen (n=50; 1=keine Zustimmung, 6=sehr starke Zustimmung)

Deskriptive Statistik

	N	Spannweite	Minimum	Maximum	Summe	Mittelwert	Standardabweichung	Varianz
EinstO	50	4,20	1,00	5,20	142,80	2,8560	1,06448	1,133
Gültige Werte (Listenweise)	50							

Quelle: eigene Erhebung 2009

Abbildung 6: Ergebnis T-Test bei einer Stichprobe (Testwert war der Mittelwert der jeweils westdeutschen Probanden) (n=83)

Test bei einer Sichprobe

	Testwert = 3.0606				95% Konfidenzintervall der Differenz	
	T	df	Sig. (2-seitig)	Mittlere Differenz	Untere	Obere
EinstO	-1,359	49	,180	-,20460	-,5071	,0979

Quelle: eigene Erhebung 2009

Abbildung 7: Einstellung der westdeutschen Befragten nach Lebensalter (n=33; 1=keine Zustimmung, 6=sehr starke Zustimmung; Altersk1=Geburtsjahr 1950-1964, Altersk2=Geburtsjahr 1965-1980, Altersk3=Geburtsjahr 1981-1988)

Deskriptive Statistik

AltersK		N	Spannweite	Minimum	Maximum	Summe	Mittelwert	Standardabweichung	Varianz
1,00	EinstW	11	3,22	1,44	4,67	35,56	3,2323	1,22066	1,490
	Gültige Werte (Listenweise)	11							
2,00	EinstW	13	3,78	1,22	5,00	38,67	2,9744	1,00426	1,009
	Gültige Werte (Listenweise)	13							
3,00	EinstW	9	3,33	1,44	4,78	26,78	2,9753	1,08266	1,172
	Gültige Werte (Listenweise)	9							

Quelle: eigene Erhebung 2009

Abbildung 8: Einstellung der ostdeutschen Befragten nach Lebensalter (n=50; 1=keine Zustimmung, 6=sehr starke Zustimmung; Altersk1=Geburtsjahr 1950-1964, Altersk2=Geburtsjahr 1965-1980, Altersk3=Geburtsjahr 1981-1988)

Deskriptive Statistik

AltersK		N	Spannweite	Minimum	Maximum	Summe	Mittelwert	Standardabweichung	Varianz
1,00	EinstO	20	4,00	1,20	5,20	63,80	3,1900	1,27068	1,615
	Gültige Werte (Listenweise)	20							
2,00	EinstO	11	2,60	1,00	3,60	26,20	2,3818	,69544	,484
	Gültige Werte (Listenweise)	11							
3,00	EinstO	19	3,40	1,40	4,80	52,80	2,7789	,91868	,844
	Gültige Werte (Listenweise)	19							

Quelle: eigene Erhebung 2009

Abbildung 9: Ergebnis T-Test bei einer Stichprobe (Testwert war der Mittelwert der Altersgruppe 1) zur Einstellung von Westdeutschen gegenüber Ostdeutschen (n=33; 1=keine Zustimmung, 6=sehr starke Zustimmung; Altersk1=Geburtsjahr 1950-1964, Altersk2=Geburtsjahr 1965-1980, Altersk3=Geburtsjahr 1981-1988)

AltersK		Test bei einer Stichprobe					
		Testwert = 3.2323					
		T	df	Sig. (2-seitig)	Mittlere Differenz	95% Konfidenzintervall der Differenz	
						Untere	Obere
1,00	EinstW	,000	10	1,000	,00002	-,8200	,8201
2,00	EinstW	-,926	12	,373	-,25794	-,8648	,3489
3,00	EinstW	-,712	8	,497	-,25699	-1,0892	,5752

Quelle: eigene Erhebung 2009

Abbildung 10: Ergebnis T-Test bei einer Stichprobe (Testwert war der Mittelwert der Altersgruppe 2) zur Einstellung von Westdeutschen gegenüber Ostdeutschen
(n=33; 1=keine Zustimmung, 6=sehr starke Zustimmung; Altersk1=Geburtsjahr 1950-1964, Altersk2=Geburtsjahr 1965-1980, Altersk3=Geburtsjahr 1981-1988)

AltersK		Test bei einer Stichprobe					
		Testwert = 2.9744					
		T	df	Sig. (2-seitig)	Mittlere Differenz	95% Konfidenzintervall der Differenz	
						Untere	Obere
1,00	EinstW	,701	10	,499	,25792	-,5621	1,0780
2,00	EinstW	,000	12	1,000	-,00004	-,6069	,6068
3,00	EinstW	,003	8	,998	,00091	-,8313	,8331

Quelle: eigene Erhebung 2009

Abbildung 11: Ergebnis T-Test bei einer Stichprobe (Testwert war der Mittelwert der Altersgruppe 3) zur Einstellung von Westdeutschen gegenüber Ostdeutschen
(n=33; 1=keine Zustimmung, 6=sehr starke Zustimmung; Altersk1=Geburtsjahr 1950-1964, Altersk2=Geburtsjahr 1965-1980, Altersk3=Geburtsjahr 1981-1988)

Test bei einer Stichprobe

AltersK		Testwert = 2.9753					
						95% Konfidenzintervall der Differenz	
		T	df	Sig. (2-seitig)	Mittlere Differenz	Untere	Obere
1,00	EinstW	,698	10	,501	,25702	-,5630	1,0771
2,00	EinstW	-,003	12	,997	-,00094	-,6078	,6059
3,00	EinstW	,000	8	1,000	,00001	-,8322	,8322

Quelle: eigene Erhebung 2009

Abbildung 12: Ergebnis T-Test bei einer Stichprobe (Testwert war der Mittelwert der Altersgruppe 1) zur Einstellung von Ostdeutschen gegenüber Westdeutschen
(n=50; 1=keine Zustimmung, 6=sehr starke Zustimmung; Altersk1=Geburtsjahr 1950-1964, Altersk2=Geburtsjahr 1965-1980, Altersk3=Geburtsjahr 1981-1988)

Test bei einer Stichprobe

AltersK		Testwert = 3.1900					
						95% Konfidenzintervall der Differenz	
		T	df	Sig. (2-seitig)	Mittlere Differenz	Untere	Obere
1,00	EinstO	,000	19	1,000	,00000	-,5947	,5947
2,00	EinstO	-3,854	10	,003	-,80818	-1,2754	-,3410
3,00	EinstO	-1,950	18	,067	-,41105	-,8538	,0317

Quelle: eigene Erhebung 2009

Abbildung 13: Ergebnis T-Test bei einer Stichprobe (Testwert war der Mittelwert der Altersgruppe 2) zur Einstellung von Ostdeutschen gegenüber Westdeutschen
(n=50; 1=keine Zustimmung, 6=sehr starke Zustimmung; Altersk1=Geburtsjahr 1950-1964, Altersk2=Geburtsjahr 1965-1980, Altersk3=Geburtsjahr 1981-1988)

Test bei einer Stichprobe

AltersK		Testwert = 2.3818					
						95% Konfidenzintervall der Differenz	
		T	df	Sig. (2-seitig)	Mittlere Differenz	Untere	Obere
1,00	EinstO	2,844	19	,010	,80820	,2135	1,4029
2,00	EinstO	,000	10	1,000	,00002	-,4672	,4672
3,00	EinstO	1,884	18	,076	,39715	-,0456	,8399

Quelle: eigene Erhebung 2009

Abbildung 14: Ergebnis T-Test bei einer Stichprobe (Testwert war der Mittelwert der Altersgruppe 3) zur Einstellung von Ostdeutschen gegenüber Westdeutschen
(n=50; 1=keine Zustimmung, 6=sehr starke Zustimmung; Altersk1=Geburtsjahr 1950-1964, Altersk2=Geburtsjahr 1965-1980, Altersk3=Geburtsjahr 1981-1988)

Test bei einer Stichprobe

AltersK		Testwert = 2.7789					
						95% Konfidenzintervall der Differenz	
		T	df	Sig. (2-seitig)	Mittlere Differenz	Untere	Obere
1,00	EinstO	1,447	19	,164	,41110	-,1836	1,0058
2,00	EinstO	-1,894	10	,088	-,39708	-,8643	,0701
3,00	EinstO	,000	18	1,000	,00005	-,4427	,4428

Quelle: eigene Erhebung 2009

Abbildung 15: Ergebnis der Korrelationsanalyse zum Zusammenhang von Einkommen und Einstellung der westdeutschen Befragten

Korrelationen

		Einkommen19	EinstW
Einkommen19	Korrelation nach Pearson	1	,042
	Signifikanz (2-seitig)		,815
	N	33	33
EinstW	Korrelation nach Pearson	,042	1
	Signifikanz (2-seitig)	,815	
	N	33	33

Quelle: Eigene Erhebung 2009

Abbildung 16: Ergebnis der Korrelationsanalyse zum Zusammenhang von Einkommen und Einstellung der ostdeutschen Befragten

Korrelationen

		Einkommen19	EinstO
Einkommen19	Korrelation nach Pearson	1	,094
	Signifikanz (2-seitig)		,534
	N	46	46
EinstO	Korrelation nach Pearson	,094	1
	Signifikanz (2-seitig)	,534	
	N	46	50

Quelle: Eigene Erhebung 2009

Abbildung 17: für Item 16 „Wir sind alle Deutsche" (Wert 0 = nicht beantwortet, 6= sehr starke Zustimmung)

Deskriptive Statistik

	N	Minimum	Maximum	Summe	Mittelwert	Standardabweichung
F16	83	0	6	437	5,27	1,474
Gültige Werte (Listenweise)	83					

Daniel Auner

Die Einkommensverteilung in West- und Ostdeutschland
Ist die Angleichung schon erfolgt?

2011

1. Einleitung

Mit dem Fall der innerdeutschen Mauer am 09. November 1989 erfolgte eine Vereinigung der BRD und der DDR auf Bundesebene. Gleichzeitig war die territoriale Wiedervereinigung Deutschlands der Grundbaustein für eine wirtschaftliche Wiedervereinigung zwischen West- und Ostdeutschland. Mit dem Vertrag über die Wirtschafts-, Währungs- und Sozialunion, unterzeichnet am 18. Mai 1990 und in Kraft getreten am 01. Juli 1990 (Smolny, W. 2004; S. 6), ist somit eine Grundlage geschaffen worden, die wirtschaftliche Vereinigung zwischen West- und Ostdeutschland in Gang zu setzen. In diesem Vertrag wurde unter anderem eine einheitliche bundesdeutsche Währung, die Deutsche Mark, festgelegt. Bedingt durch die Währungsumstellung brach die deutsche Wirtschaft, insbesondere in Ostdeutschland, fast völlig zusammen (Wagner, J. 2007; S. 31). Den Grund für diesen Zusammenbruch sieht Wagner, J. (2007; S. 31) in dem, zum Zeitpunkt der Wiedervereinigung, schlechten Zustand der ostdeutschen Wirtschaft, sowie in der Währungsumstellung im Verhältnis 1:1. Diese Umstellung hatte zur Folge, dass die Wettbewerbsfähigkeit der ostdeutschen Industrie zum Zeitpunkt der Wiedervereinigung fast nicht mehr vorhanden war (Smolny, W. 2004; S. 6f) und sowohl die Nachfrage, als auch die Produktion ostdeutscher Produkte stark zurückgingen. Nach Smolny, W. (2004; S. 8) waren allerdings die besten Voraussetzungen für einen schnellen wirtschaftlichen Aufholprozess gegeben. Die Grundlage für diesen Aufholprozess stellte neben soliden politischen Rahmenbedingungen, eine nach der Wirtschafts-, Währungs- und Sozialunion einheitliche Währung dar. Desweiteren wurde Ostdeutschland durch die Wiedervereinigung mit Westdeutschland stärker in die internationale Wirtschaft eingebunden als vor der Vereinigung. Diese günstigen Rahmenbedingungen bildeten die Grundlage für enorme Investitionen in die ostdeutsche Wirtschaft. Die Investitionsquote Ostdeutschlands überstieg damit Anfang der 90er Jahre die Investitionsquote Westdeutschlands um mehr als das Doppelte. Neben dem Ausbau der öffentlichen Infrastruktur wurden auch fortschrittlichere Technologien importiert (Smolny, W. 2004; S. 8f). Außerdem wurde der wirtschaftliche Wiederaufbau Ostdeutschlands durch staatliche Zuschüsse zusätzlich vorangetrieben.

Auch aus politischer Sicht ist die Wiedervereinigung ein großer Erfolg gewesen. So verging ab dem Zeitpunkt der Öffnung der Grenzen am 09. November 1989, bis zum Beitritt der DDR zur Bundesrepublik Deutschland am 03. Oktober 1990 noch nicht einmal ein Jahr (Smolny, W. 2004; S.5f). Ziele der Bundesrepublik Deutschland nach der Wiedervereinigung waren zum einen die Angleichung ostdeutscher Lebensverhältnisse und zum Anderen die Angleichung der Einkommenshöhe an das westdeutsche Niveau (Gernandt, J. / Pfeiffer, F. 2007; S. 1). Mehr als 20 Jahre später lässt sich erkennen, dass dieser Angleichungsprozess zwar schon Erfolge zu Gunsten des Ostens erzielen konnte, die Höhe des Einkommens der ostdeutschen Bevölkerung aber weiterhin deutlich unter der Höhe des Einkommens der westdeutschen Bevölkerung liegt. Diese Tatsache erfordert eine nähere wissenschaftliche Auseinandersetzung mit dieser Problematik.

Die Zielsetzung dieser Arbeit besteht daher in einer Analyse der unterschiedlichen Einkommensniveaus und der Einkommensverteilungen im Vergleich zwischen West- und Ostdeutschland, der Entwicklung bzw. Angleichung der Löhne und die für die Entwicklung verantwortlichen Ursachen und Gründe der Lohndispersion. Am Ende dieser Arbeit soll ein Fazit gezogen und ein Ausblick für die Zukunft aufgezeigt werden, welcher insbesondere auch den politischen Handlungsbedarf thematisiert.

2. Die Entwicklung des Einkommensniveaus seit dem Mauerfall bis heute

Vor dem Hintergrund der unterschiedlichen wirtschaftlichen Voraussetzungen zum Zeitpunkt der Wiedervereinigung von West- und Ostdeutschland soll in diesem Kapitel die Entwicklung des Einkommensniveaus im Vergleich seit dem Mauerfall bis heute analysiert werden. Hierbei ist insbesondere interessant zu beobachten, wie sich das Einkommensniveau in Westdeutschland auf der einen Seite und das Einkommensniveau in Ostdeutschland auf der anderen Seite entwickelt haben. Unter dem Begriff „Einkommensniveau" soll die in Geldeinheiten ausgedrückte Höhe des Arbeitsentgelts bzw. des Lohnes verstanden werden. Auf den Begriff „Einkommen" sowie auf die Betrachtung der unterschiedlichen Einkommensarten wird im nächsten Kapitel näher eingegangen.

2.1. Definition der unterschiedlichen Einkommensarten

Eine Abgrenzung des Begriffs „Einkommen", sowie die Festlegung unterschiedlicher Maße, mit denen die Höhe des Einkommens ausgedrückt werden kann, ist insofern relevant, als dass in der Literatur unterschiedliche Einkommensmaße zur Analyse und Entwicklung des Einkommensniveaus herangezogen werden. Der Begriff „Einkommen" wird in dieser Arbeit als Lohn bzw. Gehalt verstanden, das eine natürliche Person aufgrund der geleisteten abhängigen oder selbständigen Arbeit bezieht[1]. Das so definierte Einkommen ist also mit dem Begriff des Lohnes bzw. des Gehaltes gleichzusetzen und wird in dieser Arbeit auch synonym verwendet. Weiterhin sollen die nachfolgend genannten Einkommensmaße eine Abgrenzung des Begriffs Einkommen, wie er in dieser Arbeit verwendet wird, liefern. In der Literatur werden häufig folgende Einkommensmaße unterschieden:

---

[1] Eigene Begriffsdefinition

- Bruttolohn

- Marktäquivalenzeinkommen

- äquivalenzgewichtetes Haushaltsnettoeinkommen

- Tarif- und Effektivlohn

Das am häufigsten verwendete Maß zur Analyse des Einkommensniveaus stellt der Bruttolohn, insbesondere der Bruttojahreslohn dar. Der Bruttojahreslohn bezeichnet das Einkommen, das ein Angestellter vor Abzug von Steuern und Sozialabgaben im ganzen Jahr erhält. Der Bruttolohn bzw. Bruttojahreslohn wird insbesondere von Bäcker, G. / Jansen, A. (2009) als Maß zur Analyse der Entwicklung des Einkommensniveaus herangezogen.

Ein weiteres Maß ist das so genannte Marktäquivalenzeinkommen. Das Marktäquivalenzeinkommen berechnet sich aus dem Markteinkommen der Haushalte, sowie einer Äquivalenzgewichtung. Das Markteinkommen der Haushalte berücksichtigt Einkommen aus abhängiger, sowie selbständiger Erwerbstätigkeit, Vermögen, sowie private Transfers aller Haushaltsmitglieder. Die Arbeitgeberbeiträge zur Sozialversicherung werden allerdings nicht zu den Einkommen aus nichtselbständiger Tätigkeit dazugerechnet. Da das Markteinkommen der Haushalte das Einkommen eines gesamten Haushaltes darstellt, wird dieses noch mit Hilfe einer Äquivalenzgewichtung auf die einzelnen Haushaltsmitglieder heruntergerechnet. Die Äquivalenzgewichtung erfolgt mit Hilfe der neuen OECD-Skala. Dabei erhält der Hauptbezieher des Einkommens einen Gewichtungsfaktor von 1. Alle weiteren Personen im Haushalt, die 15 Jahre oder älter sind, bekommen einen Gewichtungsfaktor von 0,5 und Kinder unter 15 Jahren erhalten einen Gewichtungsfaktor von 0,3. Das Markteinkommen der Haushalte wird also nicht durch die Anzahl der Haushaltsmitglieder geteilt, sondern durch einen gewichteten Anteil der einzelnen Haushaltsmitglieder. Durch diese Gewichtung können Mehrpersonenhaushalte mit Einpersonenhaushalten verglichen werden, da die Gewichtung unter anderem die unterschiedlichen Bedürfnisse von Erwachsenen und Kindern berücksichtigt (Sachverständigenrat 2009; S. 310f).

Ähnlich dem Marktäquivalenzeinkommen setzt sich das äquivalenzgewichtete Haushaltsnettoeinkommen aus dem Haushaltsnettoeinkommen und der im vorherigen Absatz beschriebenen Äquivalenzgewichtung zusammen. Will man das Haushaltsnettoeinkommen berechnen, dann zieht man vom Markteinkommen der Haushalte die Einkommenssteuer, sowie die Pflichtbeiträge zur Sozialversicherung der Arbeitnehmer ab und addiert die Renten aus der gesetzlichen Rentenversicherung und vorhandene staatliche Transferleistungen dazu. Anschließend wird das Haushaltsnettoeinkommen wieder mit der Äquivalenzgewichtung der neuen OECD-Skala gewichtet (Sachverständigenrat 2009; S. 310f).

Das Marktäquivalenzeinkommen, sowie das äquivalenzgewichtete Haushaltsnettoeinkommen, dienen zum Beispiel dem Sachverständigenrat (2009) als Maß für die Entwicklung der Höhe des Einkommens und seiner Verteilung in West- und Ostdeutschland.

Zuletzt sollen noch der Tariflohn und der damit verbundene Effektivlohn betrachtet werden. Laut Schnabel, C. (1997; S. 63f) ist der Prozess der Lohnfindung in Deutschland rechtlich im Prinzip der Tarifautonomie verankert. Das bedeutet, das Zusammenschlüsse von Arbeitgebern, auch Arbeitgeberverbände genannt, sowie unabhängige Gewerkschaften, welche sich aus abhängig Beschäftigten zusammensetzen, selbständig diverse Arbeitsbedingungen regeln, ohne das der Staat sich in diese Angelegenheit „einmischen" muss. Ein Hauptbestandteil dieser Verhandlungen beschäftigt sich mit der Festlegung der Höhe der Löhne bzw. Gehälter. Können sich die beiden Parteien, also Arbeitgeberverbände auf der einen Seite und Gewerkschaften auf der anderen Seite, einigen, so schließen diese einen Tarifvertrag ab. Da dieser Vertrag schriftlich geschlossen wird, verpflichtet er beide Parteien dazu, sich an seine Inhalte zu halten. Der in einem Tarifvertrag festgeschriebene (Mindest-) Lohn wird somit als Tariflohn bezeichnet[2]. Unter dem Begriff „Effektivlohn" wird der Lohn verstanden, der zusätzlich zu dem durch den Tarifvertrag geregelten Tariflohn gezahlt wird und entspricht in seiner Höhe eigentlich dem Bruttolohn. In der Literatur wird der Effektivlohn häufig auch als übertarifliche Bezahlung bezeichnet (vgl. Schnabel, C. (1997; S. 131)). Das Wirtschafts- und Sozialwissenschaftliche Institut der Hans-Böckler-Stiftung (WSI) ist im Folgenden die Grundlage für die Analyse der Entwicklung der Tariflöhne und der Tarifbindung in West- und Ostdeutschland.

---

[2] an dieser Stelle wird auf eine nähere Diversifikation von Tarifverträgen verzichtet

2.2 Entwicklung des Einkommensniveaus im Vergleich zwischen West- und Ostdeutschland

Nach der Festlegung der verschiedenen Maße, mit denen das Einkommensniveau gemessen und analysiert werden kann, soll nun in diesem Kapitel die Entwicklung des Einkommensniveaus im Vordergrund stehen. Anhand von Abbildung 1 soll die Entwicklung der Bruttojahreslöhne nun näher betrachtet werden. An dieser Stelle ist anzumerken, dass sowohl bei der Entwicklung der durchschnittlichen Bruttojahreslöhne als auch der durchschnittlichen Bruttostundenlöhne jeweils Berlin zu den alten Bundesländern dazugerechnet wurde. Aufgrund der vergleichsweise hohen durchschnittlichen Löhne innerhalb Berlins fällt dies kaum merklich ins Gewicht. Allerdings würde es die Daten erheblich verändern, würde man Berlin zu den neuen Bundesländern hinzurechnen.

Abbildung 1: Zeitliche Entwicklung der Bruttojahreslöhne pro Arbeitnehmer von 1991 bis 2010; in Euro

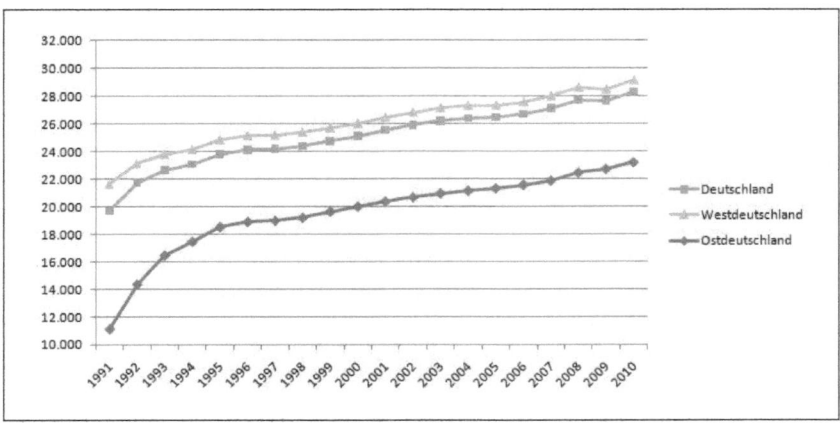

Quelle: Volkswirtschaftliche Gesamtrechnungen der Länder (2010); Eigene Darstellung nach der Vorlage von Bäcker, G. / Jansen, A. (2009; S. 20)

Schon auf den ersten Blick wird deutlich, dass die durchschnittlichen Bruttojahreslöhne der Ostdeutschen erheblich unter denen der Westdeutschen liegen. Betrachtet man diese Abbildung genauer, kann man allerdings erkennen, dass sich die durchschnittlichen Bruttojahreslöhne der Ostdeutschen seit 1991 bis 2010 mehr als verdoppelt haben. So betrug 1991 der Bruttojahreslohn der Ostdeutschen im Durchschnitt lediglich 11.097 Euro, während er im Jahr 2010 schon auf 23.211 Euro angestiegen war. Auf der anderen Seite stiegen die durchschnittlichen Bruttojahreslöhne der Westdeutschen im gleichen Beobachtungszeitraum lediglich um knapp 35 % an. Im Jahr 1991 lagen die Bruttojahreslöhne der Westdeutschen bei 21.626 Euro, knapp 20 Jahre später dann durchschnittlich bei 29.142 Euro. Bedingt durch den wirtschaftlichen Aufschwung stiegen vor allem bis Mitte der 90er Jahre die durchschnittlichen Bruttojahreslöhne, insbesondere in Ostdeutschland, stark an. So lagen sie dort im Jahr 1995 bei 18.523 Euro, was eine absolute Lohnniveausteigerung im Vergleich zum Jahr 1991 von ca. 67 % ausmacht. Im gleichen Zeitraum stiegen die durchschnittlichen Bruttojahreslöhne der Westdeutschen absolut nur um ca. 15 % an.

Vergleicht man Ost- und Westdeutschland also miteinander so zeigt sich, dass die durchschnittlichen Bruttojahreslöhne der Ostdeutschen im Jahr 1991 lediglich 51,3 % der durchschnittlichen Bruttojahreslöhne der Westdeutschen ausmachten. Dieser vergleichsweise geringe Prozentsatz stieg dann bis zum Jahr 1995 auf 74,5 % des Westniveaus an und erreichte im Jahr 2010 einen Wert von 79,6 %. Man kann also feststellen, dass insbesondere bis Mitte der 90er Jahre ein starker Angleichungsprozess der durchschnittlichen Bruttojahreslöhne der Ostdeutschen an das westdeutsche Niveau stattgefunden hat. Dieser Prozess der Angleichung ist jedoch nach 1995 nahezu zum Stillstand gekommen.

Tabelle 1: Lohnzuwachsraten der Bruttojahreslöhne im Vergleich zum Vorjahr pro Arbeitnehmer im Zeitraum von 1992 bis 2010; in %

Jahr	Lohnzuwachsrate Ostdeutschland	Lohnzuwachsrate Westdeutschland	Differenz Lohnzuwachsraten
1992	29,2	7,0	22,2
1993	14,8	2,9	11,9
1994	6,1	1,5	4,5
1995	6,1	2,8	3,3
2000	1,9	1,2	0,6
2005	0,8	0,2	0,7
2009	1,2	-0,4	1,6
2010	2,2	2,3	-0,1

Quelle: Volkswirtschaftliche Gesamtrechnungen der Länder (2010); Eigene Darstellung und Berechnung

Tabelle 1 soll darüber hinaus verdeutlichen, wie sich die durchschnittlichen Bruttojahreslöhne in West- und in Ostdeutschland im Zeitverlauf prozentual entwickelt haben. Hier zeigt sich, dass vor allem bis 1995 die durchschnittlichen Bruttojahreslöhne der Ostdeutschen verglichen mit denen der Westdeutschen sehr stark angestiegen sind. Allein im Jahr 1992 stiegen die Bruttojahreslöhne der Ostdeutschen um 29,2 % im Vergleich zum Vorjahr an. Diese Steigerung ist sehr viel deutlicher ausgeprägt als in Westdeutschland, wo dieser Wert nur bei 7 % lag. Auch in den Jahren nach 1991 war die prozentuale Steigerung der Bruttojahreslöhne in Ostdeutschland, bedingt durch den wirtschaftlichen Aufschwung, sehr viel höher als in Westdeutschland. Betrachtet man die durchschnittliche jährliche Wachstumsrate zwischen 1991 und 1995, so lag diese in Ostdeutschland bei 13,7 % und in Westdeutschland bei 3,5 %[3]. Nach dem Jahr 1995, in dem die prozentuale Lohnzuwachsrate Ostdeutschlands noch 3,7 Prozentpunkte oberhalb der prozentualen Lohnzuwachsrate von Westdeutschland lag, kann man sagen, dass diese Differenz im weiteren

---

[3] Zur Berechnung der durchschnittlichen Wachstumsraten wurde üblicherweise das geometrische Mittel benutzt

Zeitverlauf stetig abgenommen hat. Nach einem kurzen Anstieg der Differenz der Lohnzuwachsraten im Jahr 2009 verglichen mit dem Jahr 2008 von 1,6 Prozentpunkten, war sie jedoch im Jahr 2010 verglichen mit dem Jahr 2009 mit - 0,1 Prozentpunkten sogar leicht negativ. Wie auch schon bei der absoluten Entwicklung der Bruttojahreslöhne, kann man auch bei den prozentualen Zuwachsraten der Bruttojahreslöhne im Vergleich zum Vorjahr erkennen, dass eine gewisse Annäherung an das westdeutsche Niveau stattgefunden hat, jedoch im Zeitverlauf immer langsamer vorangeschritten und im Jahr 2010 sogar leicht rückläufig war.

An dieser Stelle soll noch kurz auf die Entwicklung der durchschnittlichen Bruttostundenlöhne eingegangen werden, da sich die Höhe des Anpassungsgrades von Ost- zu Westdeutschland gegenüber den Bruttojahreslöhnen unterscheidet. Die Entwicklung der durchschnittlichen Bruttostundenlöhne kann man der Tabelle 2 entnehmen.[4]

---

[4] Die Volkswirtschaftlichen Gesamtrechnungen der Länder weisen diese Entwicklung erst ab dem Jahr 1998 aus.

Tabelle 2: Entwicklung und Angleichungsprozess des durchschnittlichen Bruttostundenlohnes in West- und Ostdeutschland; in Euro

Jahr	Westdeutschland	Ostdeutschland	Verhältnis Ost/West in %
1998	18,21	12,44	68
1999	18,57	12,87	69
2000	19,04	13,36	70
2001	19,51	13,79	71
2002	19,86	14,20	72
2003	20,18	14,50	72
2004	20,22	14,67	73
2005	20,39	14,90	73
2006	20,59	15,16	74
2007	20,83	15,51	74
2008	21,33	15,96	75
2009	21,93	16,59	76
2010	21,91	16,58	76

Quelle: Volkswirtschaftliche Gesamtrechnungen der Länder (2010); Eigene Darstellung und Berechnung

Auch hier zeigt sich, dass die durchschnittlichen Bruttostundenlöhne in Ostdeutschland im Zeitverlauf schneller angestiegen sind als in Westdeutschland und dass eine gewisse Angleichung an das westliche Bruttostundenlohnniveau stattgefunden hat. Allerdings unterscheidet sich die Höhe des prozentualen Verhältnisses von ost- zu westdeutschen Bruttostundenlöhnen im Vergleich zu den Bruttojahreslöhnen. Machten die durchschnittlichen Bruttojahreslöhne der Ostdeutschen im Jahr 2010 ca. 80 % der durchschnittlichen Bruttojahreslöhne der Westdeutschen aus, so liegt dieses Verhältnis bei den durchschnittlichen Bruttostundenlöhnen im Jahr 2010 bei ca. 76 %. Dieser prozentual höhere Grad der Angleichung der Bruttojahreslöhne im Vergleich zur Angleichung der Bruttostundenlöhne ist über den gesamten Beobachtungszeitraum gegeben. Die Gründe hierfür liegen zum einen in den durchschnittlich längeren Wochen- bzw. Jahresarbeitszeiten der Ostdeutschen, zum anderen ist die Zahl der Feiertage in Ostdeutschland geringer. Ein weiterer Grund liegt in der durchschnittlich längeren Arbeitszeit der Teilzeitbeschäftigten in Ostdeutschland, verglichen mit denen in Westdeutschland (Bundesministerium des Innern 2010; S. 26f). Im Jahr

2010 betrug die durchschnittliche Wochenarbeitszeit der vollzeitbeschäftigten Ostdeutschen 39,5 Stunden, während ein Vollzeitbeschäftigter in Westdeutschland durchschnittlich 38,7 Stunden arbeitete (Bundesministerium des Innern 2010; S. 27). Berücksichtigt man jetzt noch Beschäftigte, die in Teilzeit arbeiten, so lag die Teilzeitquote an allen Beschäftigten im Jahr 2010 in Ostdeutschland um 3 Prozentpunkte unter der Teilzeitquote in Westdeutschland. Allerdings arbeiteten Teilzeitbeschäftigte in Ostdeutschland im Schnitt 4,1 Stunden pro Woche länger als Teilzeitbeschäftigte in Westdeutschland (Bundesministerium des Innern 2010; S. 27). Bezieht man zusätzlich mit ein, dass es im Jahr 2010 in Ostdeutschland 0,6 Feiertage pro Jahr weniger gab als in Westdeutschland, so arbeitete ein ostdeutscher Beschäftigter im Jahr 2010 ungefähr drei Wochen länger als ein Westdeutscher (Bundesministerium des Innern 2010; S. 27). Andere Komponenten, die Einfluss auf die durchschnittliche wöchentliche oder jährliche Arbeitszeit haben, die hier allerdings nicht näher betrachtet werden sollen, liefert Wanger, S. (2008; S. 30 ff). So zählen noch Überstunden, krankheitsbedingte Fehltage oder der Grad der Tarifbindung zu weiteren Einflussfaktoren für die Unterschiede in den Arbeitszeiten. Es hat sich also gezeigt, dass ostdeutsche Beschäftigte im Schnitt ein höheres Arbeitsvolumen pro Jahr aufweisen als westdeutsche Beschäftigte. Dies erklärt, warum der Anpassungsgrad der durchschnittlichen Bruttostundenlöhne unter dem Anpassungsgrad der durchschnittlichen Bruttojahreslöhne liegt.

Nach der Analyse der Entwicklung der Bruttojahreslöhne und -gehälter im Vergleich zwischen West- und Ostdeutschland, soll in diesem Abschnitt auf die Entwicklung der Tarif- und Effektivlöhne eingegangen werden. Streng genommen handelt es sich bei der gerade eben schon erläuterten Entwicklung der Bruttolöhne faktisch um die Entwicklung der Effektivlöhne, so dass diese Begriffe synonym verwendet werden können. Deshalb soll in diesem Abschnitt zuerst die relative Entwicklung des Tariflohnniveaus im Vergleich zwischen West- und Ostdeutschland untersucht werden. In einem zweiten Schritt wird dann die relative Entwicklung des Bruttolohnniveaus mit der relativen Entwicklung des Tariflohnniveaus verglichen. Tabelle 3 gibt hierfür einen Überblick.

Tabelle 3: Effektivlöhne und Tariflöhne - ein Vergleich zwischen West- und Ostdeutschland im Zeitverlauf von 1991-2010

Jahr	Bruttolöhne und -gehälter je Arbeitnehmer			Tarifniveau
	West-deutschland	Ost-deutschland	Ost/West in %	Ost/West in %
1991	21 626	11 097	51	60
1995	24 852	18 523	75	86
2000	26 027	20 014	77	92
2005	27 339	21 331	78	95
2010	29 142	23 211	80	97

Quelle: Volkswirtschaftliche Gesamtrechnungen der Länder (2010); Wirtschafts- und Sozialwissenschaftliches Institut in der Hans-Böckler-Stiftung (WSI) (2011); anhand von Daten aus dem Gliederungspunkt 2.6 des Statistischen Taschenbuches Tarifpolitik 2011; Eigene Darstellung nach der Vorlage von Bispinck, R. (2010; S. 80)

Betrachtet man die Entwicklung der Tarifniveaus, als das Verhältnis zwischen den Tarifniveaus in Ostdeutschland und denen in Westdeutschland, so fällt auf, dass kurz nach der Wiedervereinigung im Jahr 1991 dieses bei 60 % lag. Das heißt, das Tariflohnniveau der Ostdeutschen machte zu diesem Zeitpunkt 60 % des Tariflohnniveaus der Westdeutschen aus. Zum Vergleich betrug das Bruttolohnniveau bzw. das Effektivlohnniveau der Ostdeutschen im gleichen Zeitraum ca. 51 % des westdeutschen Niveaus. Dass der Angleichungsprozess zumindest am Anfang der 90er Jahre erste Erfolge erzielen konnte, lässt sich durch den rasanten Anstieg des Tariflohnniveaus auf der einen Seite und den Anstieg des Effektivlohnniveaus auf der anderen Seite deutlich erkennen. Im Jahr 1995 betrug das Tariflohnniveau der Ostdeutschen schon 86 % von dem der Westdeutschen. Im Vergleich zum Jahr 1991 ist dieses Verhältnis der Tariflohnniveaus um 26 Prozentpunkte gestiegen. Ähnlich dazu hat sich das Effektivlohnniveau der Ostdeutschen entwickelt. 1995 belief es sich auf 75 % des Westniveaus, was einen Anstieg von 24 Prozentpunkten innerhalb von vier Jahren bedeutete. Im weiteren zeitlichen Verlauf bis zur Jahrtausendwende hat sich dieser Annäherungsprozess deutlich verlangsamt: von 1995 bis zum Jahr 2000 ist das Verhältnis zwischen den beiden Tariflohnniveaus um nur noch sechs Prozentpunkte auf 92 % angestiegen. Die gleiche Tendenz ist auch bei der

Entwicklung des Effektivlohnniveau-Verhältnisses zu erkennen. Im Jahr 2000 lag es bei 77 %, was einen Anstieg von zwei Prozentpunkten zum Jahr 1995 ausmachte. Da in den darauffolgenden zehn Jahren das Tariflohnniveau-Verhältnis um nur noch fünf Prozentpunkte angestiegen ist, kann man deshalb von einer weitgehenden Stagnation sprechen. Das Bruttolohnniveau-Verhältnis war sogar nur um drei Prozentpunkte angestiegen. Vergleicht man den absoluten Anstieg des Ost/West-Verhältnisses der Tariflöhne bzw. Effektivlöhne, so wird deutlich, dass das Tariflohnniveau-Verhältnis um insgesamt 37 Prozentpunkte und damit stärker als das Effektivlohnniveau-Verhältnis, mit 29 Prozentpunkten, gestiegen ist. Betrachtet man nur das Tariflohnniveau der Ostdeutschen, so hat sich dieses mit 97 % im Jahr 2010 weitgehend an das westliche Niveau angepasst.

Allerdings besteht immer noch ein großes Gefälle zwischen den Verhältnissen des Tariflohnniveaus und den Effektivlohnniveaus von Ost- und Westdeutschland. Grund dafür ist die vergleichsweise geringe tarifliche Bindung der Beschäftigten und der Betriebe in Ostdeutschland (Bispinck, R. 2010; S. 76). Die Unterschiede in den Tarifbindungen soll Abbildung 2 veranschaulichen.

Abbildung 2: Tarifbindung von Beschäftigten und Betrieben im Vergleich zwischen Ost- und Westdeutschland im Zeitraum von 1998-2009; in %

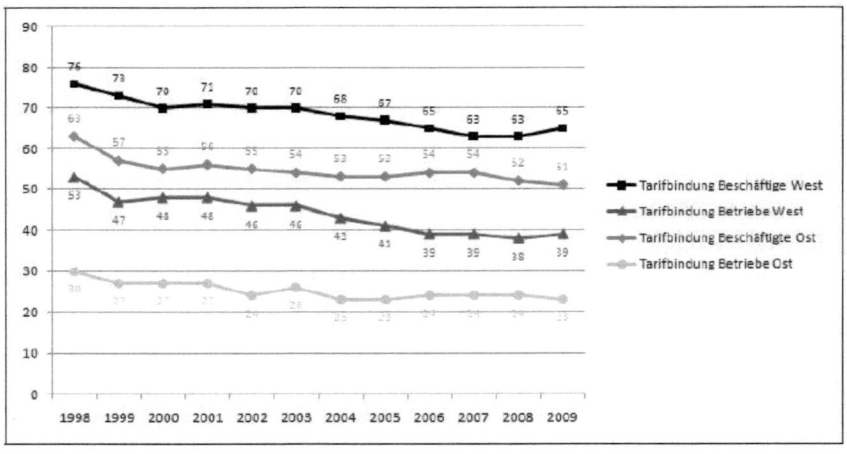

Quelle: Wirtschafts- und Sozialwissenschaftliches Institut in der Hans-Böckler-Stiftung (WSI) (2011); Eigene Darstellung anhand von Daten aus den

Gliederungspunkten 1.9 und 1.10 des Statistischen Taschenbuches Tarifpolitik 2011

Im Jahr 1998 waren 63 % der Beschäftigten in Ostdeutschland an einen Tarifvertrag gebunden. Im weiteren Zeitverlauf nahm dieser Wert nahezu stetig ab, bis er im Jahr 2009 nur noch bei 51 % lag. Betrachtet man dagegen Westdeutschland, so lag dieser Wert im Jahr 1998 bei 76 % und im Jahr 2009 bei 65 %. Eine ähnliche Entwicklung, jedoch auf einem geringeren prozentualen Niveau, lässt sich auch bei der betrieblichen Tarifbindung erkennen. Der entsprechende Wert der tarifgebundenen Betriebe im Osten lag 1998 bei 30 % und ist bis zum Jahr 2009 auf 23 % abgesunken. Die Anzahl der tarifgebundenen westdeutschen Betriebe ist von 53 % im Jahr 1998 auf 39 % im Jahr 2009 gesunken. Das heißt, dass lediglich die Hälfte aller Beschäftigten bzw. nur knapp ein Viertel der Betriebe in Ostdeutschland tarifgebunden sind. Diese vergleichsweise geringere Tarifbindung der Ostdeutschen spiegelt sich auch in deren Effektivlohnniveau wieder. Wäre die Tarifbindung der Beschäftigten bzw. der Betriebe in Ostdeutschland höher, so wäre folglich auch das tarifliche „Grundeinkommen" höher und somit auch das durchschnittliche Effektivlohnniveau. Eine Zielsetzung könnte daher die Erhöhung der Tarifbindung sein, um das Ungleichgewicht des Effektivlohnniveaus zu Gunsten des Ostens zu verschieben.

Am Ende dieses Abschnitts wird noch auf die Entwicklung der Marktäquivalenzeinkommen, sowie der äquivalenzgewichteten Haushaltsnettoeinkommen eingegangen. Tabelle 4 soll diese Entwicklung veranschaulichen.

Tabelle 4: Durchschnittliches Marktäquivalenzeinkommen sowie äquivalenzgewichtetes Haushaltsnettoeinkommen von 1991-2007; real in Euro[2]

Jahr	Marktäquivalenzeinkommen[1]			Haushaltsnettoeinkommen[1]		
	West-deutschland	Ost-deutschland	Deutschland	West-deutschland	Ost-deutschland	Deutschland
1991	23 446	15 125	21 759	19 929	14 588	18 846
1995	23 722	16 047	22 278	19 627	15 759	18 899
2000	24 796	16 755	23 323	21 007	17 229	20 315
2005	24 206	14 660	22 476	21 312	16 294	20 403
2007	24 671	15 794	23 101	21 474	16 712	20 632

1) Äquivalenzgewichtet mit der neuen (modifizierten) OECD-Skala. 2) In Preisen von 2005

Quelle: Sachverständigenrat (2009; S. 313); Geänderte Darstellung

Im Jahr 2007 betrug das durchschnittliche Marktäquivalenzeinkommen in Westdeutschland 24.671 Euro und in Ostdeutschland 15.794 Euro. Damit war es im Vergleich zum Jahr 1991 in Westdeutschland nur um 5,2 % und in Ostdeutschland lediglich um 4,4 % gestiegen. Der schwächere prozentuale Anstieg des durchschnittlichen Marktäquivalenzeinkommens in Ostdeutschland ist damit zu erklären, dass vor allem nach der Jahrtausendwende bis zum Jahr 2005 die Arbeitslosenzahlen sehr stark angestiegen und erst danach langsam wieder gesunken sind, während die westdeutsche Bevölkerung nicht so stark davon betroffen war (Sachverständigenrat 2009; S. 311).

Bei der Betrachtung das äquivalenzgewichteten Haushaltsnettoeinkommens fällt auf, dass dieses in Ostdeutschland im Jahr 2007 mit durchschnittlich 16.712 Euro über dem entsprechenden Wert des durchschnittlichen Marktäquivalenzeinkommen lag, wobei dies in Westdeutschland zu keinem Zeitpunkt der Fall war. Die Erklärung liefert die Definition der verschiedenen Einkommensbegriffe. Das äquivalenzgewichtete Haushaltsnettoeinkommen berücksichtigt zusätzlich noch vorhandene Sozialtransfers, sowie Renten aus der gesetzlichen Rentenversicherung, während das Marktäquivalenzeinkommen diese außen vor lässt. Da unter anderem, sowohl die Renten, als auch die Arbeitslosigkeit in Ostdeutschland wesentlich höher als in Westdeutschland sind, werden insbesondere dort die verfügbaren Einkommen durch Sozialtransfers angehoben (Sachverständigenrat 2009; S. 314).

Dass der Prozess der Angleichung des Einkommensniveaus von Ost- und Westdeutschen über die Jahre hinweg noch nicht als Erfolg gewertet werden kann, verdeutlicht Abbildung 3.

Abbildung 3: Relative Entwicklung der durchschnittlichen Markt- und Haushaltsnettoeinkommen in Ostdeutschland[1)]

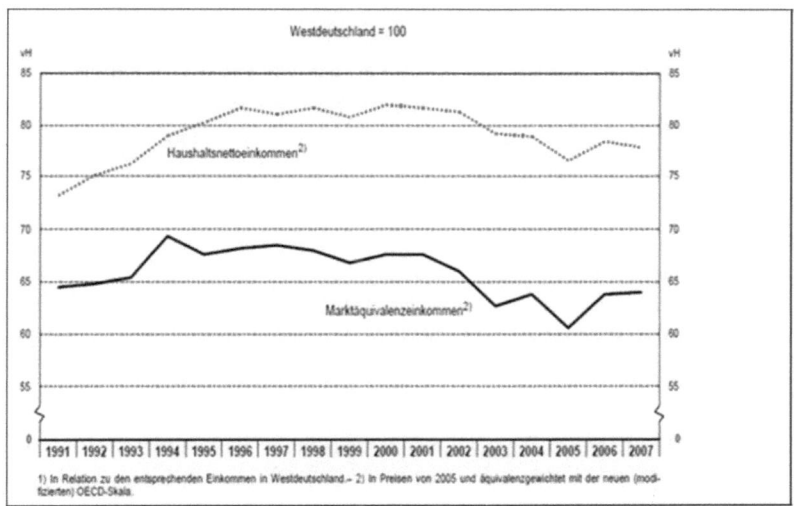

Quelle: Sachverständigenrat (2009; S. 312)

Betrachtet man die relative Entwicklung des Marktäquivalenzeinkommens der Ostdeutschen, so fällt auf, dass dieses im Jahr 1991 64,5 % des Westniveaus ausmachte, im Jahr 1995 auf 67,6 % gestiegen ist und schließlich im weiteren Verlauf kontinuierlich gesunken ist, bis es im Jahr 2005 mit 60,6 % des Westniveaus einen Tiefstwert erreicht hatte. Im Jahr 2007 betrug es dann wieder 64 % des Westniveaus und lag damit sogar unterhalb des Wertes aus dem Jahr 1991. Ganz ähnlich entwickelte sich auch das äquivalenzgewichtete Haushaltsnettoeinkommen der Ostdeutschen. Im Jahr 1991 betrug es noch 73,2 % des Westniveaus, 1995 schon 80,3 % und im Jahr 2000 dann 82 %. Allerdings fiel dieses Ost-West-Verhältnis auch hier bis zum Jahr 2005 auf 76,5% zurück und stieg dann nochmal bis auf 77,8 % im Jahr 2007 an. Verglichen mit dem Jahr 1991 war dies immerhin eine relative Annäherung um 4,6 Prozentpunkte an das westdeutsche Niveau. Auch wenn diese prozentuale

Zunahme bedeutet, dass das tatsächliche Einkommen im Vergleich zu Westdeutschland relativ stärker gestiegen ist, dann ist diese Entwicklung doch auch auf eine verstärkte Zahlung von Sozialleistungen zurückzuführen. Ein Angleichungsprozess der Einkommen Ostdeutschlands an das westdeutsche Niveau kann also nur bedingt festgestellt werden.

Bei der Betrachtung der Einkommensmaße sind bislang regionale Preisdifferenzen unberücksichtigt geblieben. An dieser Stelle soll nun untersucht werden, wie sich der Anpassungsgrad der ostdeutschen Einkommen an das westdeutsche Niveau verändert, wenn man regionale Preisdifferenzen mitberücksichtigt. Zu diesem Zweck wird das äquivalenzgewichtete Haushaltsnettoeinkommen herangezogen, da es das Einkommen darstellt, welches einem Haushalt tatsächlich zur Verfügung steht. Die Grundlage für diese Fragestellung stellt eine Studie von Goebel, J. / Frick, J. / Grabka, M. (2009) dar. Die Autoren begründen die Berücksichtigung von regionalen Preisindizes damit, dass zum Beispiel 2.000 Euro in München einen geringeren Lebensstandard ermöglichen, als 2.000 Euro auf dem Land (Goebel, J. / Frick, J. / Grabka, M. 2009; S. 889). Da das statistische Bundesamt seit dem Jahr 2000, aufgrund von ähnlichen Entwicklungen des Preisniveaus von Ost- und Westdeutschland am Ende der 90er Jahre auf eine getrennte Ausweisung dieser Indizes verzichtet hat (Goebel, J. / Krause, P. / Frick, J. / Grabka, M. / Wagner, G. 2010; S. 7), liefert das Bundesamt für Bauwesen und Raumordnung (BBR) Preisniveaus für 393 Kreisregionen (Goebel, J. / Frick, J. / Grabka, M. 2009; S. 888). Korrigiert man die äquivalenzgewichteten Haushaltsnettoeinkommen um den regionalen Preisindex, so zeigt sich für das Jahr 2008, das Ostdeutsche im Schnitt 17.762 Euro zur Verfügung hatten. Würde man von einer Berücksichtigung regionaler Preisindizes absehen, so betrüge das Einkommen im Jahr 2008 in Ostdeutschland 16.957 Euro und in Westdeutschland 21.511 Euro. Somit verringerte sich sogar das verfügbare Einkommen in Westdeutschland unter Berücksichtigung der regionalen Preisindizes um 1,2 % im Jahr 2008, während sich gleichzeitig das verfügbare Einkommen in Ostdeutschland um 4,7 % erhöhte. Machten ostdeutsche Einkommen im Jahr 2008, ohne Berücksichtigung regionaler Preisunterschiede ca. 79 % der westdeutschen Einkommen aus, so lag dieses Verhältnis unter Berücksichtigung dieser Preisindizes bei 83,6 % (Goebel, J. / Frick, J. / Grabka, M. 2009; S. 893). Es zeigt sich also, dass sich die Differenzen der Lohnunterschiede zwischen West- und Ostdeutschland verringern würden, wenn man regionale

Preisunterschiede miteinbeziehen würde. Allerdings verdienen Ostdeutsche im Schnitt immer noch über 16 % weniger als Westdeutsche.

Mit Hilfe der Tabelle 5 ist der Angleichungsprozess von Ost- und Westdeutschland anhand verschiedener Einkommensmaße im Zeitverlauf noch einmal auf einen Blick dargestellt. An dieser Stelle wird jedoch auf die Analyse der Entwicklung des Einkommensniveaus im Zeitverlauf verzichtet, da dies bereits weiter oben geschehen ist. Hier soll stattdessen noch einmal kurz zusammengefasst erklärt werden, worin die Unterschiede in den Einkommensniveau-Verhältnissen begründet sind, wenn verschiedene Einkommensmaße verwendet werden

Tabelle 5: Angleichungsprozess von Ost- und Westdeutschland anhand verschiedener Einkommensmaße im Zeitverlauf

Jahr	Niveauverhältnis von Ost- zu Westdeutschland in %				
	Bruttostundenlohn	Bruttojahreslohn	Tariflohn	Markteinkommen[1]	Haushaltsnettoeinkommen[1]
1991	-	51	60	65	73
1995	-	75	86	68	80
2000	70	77	92	68	82
2005	73	78	95	61	76
2007	74	78	-	64	78
2010	76	80	97	-	-

1) äquivalenzgewichtet anhand der neuen OECD-Skala; in Preisen von 2005.

Quelle: Volkswirtschaftliche Gesamtrechnungen der Länder (2010); Sachverständigenrat (2009; S. 313); Wirtschafts- und Sozialwissenschaftliches Institut in der Hans-Böckler-Stiftung (WSI) (2011), anhand von Daten aus dem Gliederungspunkt 2.6 des Statistischen Taschenbuches Tarifpolitik 2011; Eigene Darstellung

Ein Blick auf die Bruttolöhne zeigt, dass zu jedem Zeitpunkt der Grad der Anpassung bei den durchschnittlichen Bruttostundenlöhnen höher ist als bei den Bruttojahreslöhnen. Dies liegt vor allem daran, dass sowohl ostdeutsche Teilzeit-, als auch Vollzeitbeschäftigte eine durchschnittlich längere wöchentliche Arbeitszeit im Vergleich zu den Westdeutschen haben. Der Angleichungsprozess der Tariflöhne ist hingegen schon fast vollständig abgeschlossen. Allerdings ist der Grad der Tarifbindung sowohl in West- als auch in Ostdeutschland im Zeitverlauf deutlich zurückgegangen, wobei er aber in Westdeutschland immer noch stärker ausgeprägt ist als in Ostdeutschland. Bei der Betrachtung der Marktäquivalenzeinkommen fällt auf, dass keine Anpassung an das Westniveau stattgefunden hat, was insbesondere mit dem starken Anstieg der Arbeitslosenquote zu begründen ist. Hingegen lässt sich bei den äquivalenzgewichteten Haushaltsnettoeinkommen eine Annäherung feststellen, da ostdeutsche Haushalte verstärkt Arbeitslosengeld II, sowie Renten aus der gesetzlichen Rentenversicherung beziehen. Bei der Interpretation dieser Niveau-Verhältnisse muss also immer darauf geachtet werden, welches Einkommensmaß diesen Zahlen zugrunde liegt.

2.3 Vergleich und Entwicklung auf Bundesländerebene

Das Hauptaugenmerk der Analyse der Entwicklung des Einkommensniveaus lag bisher immer auf einem Ost-West-Vergleich. In diesem Abschnitt soll nun untersucht werden, ob sich diese Unterschiede in der Höhe der Einkommen auch auf Bundeslandebene widerspiegeln oder ob vielleicht schon einige ostdeutsche Bundesländer weiter als andere ostdeutsche Bundesländer in diesem Prozess der Angleichung vorangeschritten sind (Bäcker, G. / Jansen, A. 2009; S. 27ff). Bei der nachfolgenden Untersuchung wird auf die Berücksichtigung unterschiedlicher Preisindizes verzichtet. Tabelle 6 zeigt die Entwicklung der durchschnittlichen Bruttolöhne in den jeweils einkommensstärksten bzw. -schwächsten ost- und westdeutschen Bundesländern von 1991 bis 2010.

Tabelle 6: Durchschnittliche Bruttojahreslöhne in den jeweils einkommensstärksten/-schwächsten ost- und westdeutschen Bundesländern; in Euro

Jahr	Branden-burg	Mecklenburg-Vorpommern	neue Bundesländer	Hessen	Schleswig-Holstein	alte Bundesländer
1991	11 420	11 114	11 097	22 704	19 603	21 626
1995	19 212	18 344	18 523	26 223	22 651	24 852
2000	20 805	19 662	20 014	27 658	23 580	26 027
2005	21 957	20 850	21 331	29 310	24 338	27 339
2010	23 786	22 272	23 211	31 521	25 760	29 142

Quelle: Volkswirtschaftliche Gesamtrechnungen der Länder (2010); Eigene Darstellung nach der Vorlage von Bäcker, G. / Jansen, A. (2009; S. 28)

Mecklenburg-Vorpommern war im Jahr 2010 mit 22.272 Euro das einkommensschwächste ostdeutsche Bundesland und Brandenburg stellte mit 23.786 Euro das einkommensstärkste ostdeutsche Bundesland dar. Setzt man die durchschnittlichen Bruttolöhne von Mecklenburg-Vorpommern und Brandenburg zueinander ins Verhältnis, so macht der durchschnittliche Bruttojahreslohn Mecklenburg-Vorpommerns 93,6 % des Lohnes von Brandenburg aus. Betrachtet man die westdeutschen Bundesländer, so war Schleswig- Holstein im Jahr 2010 mit 25.760 Euro das einkommensschwächste und Hessen mit 31.521 Euro das einkommensstärkste Bundesland. Das Verhältnis zwischen ärmstem bzw. reichstem Bundesland in Westdeutschland beträgt demnach 81,7 %. Damit ist die Streuung des durchschnittlichen Bruttojahreslohnes in Westdeutschland zwischen dem ärmsten und reichsten Bundesland höher als in Ostdeutschland. Das bedeutet, dass die durchschnittlichen Bruttojahreslöhne innerhalb der ostdeutschen Bundesländer homogener waren, während sie in Westdeutschland heterogener waren. Man kann jedoch beobachten, dass das Verhältnis zwischen dem ärmsten und dem reichsten ostdeutschen Bundesland im Jahr 1991 bei 97,3 % lag, dieser Wert allerdings bis zum Jahr 2010 um 3,7 Prozentpunkte gesunken ist. Innerhalb der westdeutschen Bundesländer lag dieser Wert 1991 bei 86,3 % und ist bis 2010 um 4,6 Prozentpunkte ebenfalls gesunken.[5]

Betrachtet man die Höhe der durchschnittlichen Bruttojahreslöhne der ostdeutschen Bundesländer, so lagen sie in Brandenburg, als einkommensstärkstes ostdeutsches Bundesland, mit 23.786 Euro unterhalb der Löhne von Schleswig-Holstein mit durchschnittlich 25.760 Euro, dem einkommensschwächsten westdeutschen Bundesland. Daraus ergibt sich ein Verhältnis von 92,3 %. Vergleicht man allerdings das Bruttolohnniveau Brandenburgs mit dem westdeutschen Durchschnitt, so machte dieses lediglich 81,6 % aus. Man kann also festhalten, dass die Unterschiede in der Höhe der durchschnittlichen Bruttojahreslöhne nicht nur zwischen West- und Ostdeutschland existieren. Auf Grund der hohen Homogenität der Verdienststruktur innerhalb der ostdeutschen bzw. westdeutschen Bundesländer sind diese Unterschiede auch zwischen den einzelnen Bundesländern zu beobachten, so dass einzelne Bundesländer als Ausreißer nach unten, in Bezug

---

[5] Die Gründe dafür sollen hier nicht weiter erläutert werden

auf das Bruttojahreseinkommen, keine Ursache für die Lohnniveau-Unterschiede darstellen.

2.4. Erklärungsansätze für die Unterschiede der Einkommensniveaus zwischen West- und Ostdeutschland

Das letzte Kapitel hat sehr deutlich gezeigt, dass immer noch erhebliche Unterschiede in den Einkommensniveaus zwischen West- und Ostdeutschland bestehen. In diesem Kapitel sollen nun Erklärungsansätze aufgezeigt werden, die die Unterschiede in den Einkommensniveaus begründen. Da diese Ursachenforschung in der Literatur weit verbreitet ist und der Umfang für diese Arbeit begrenzt ist, sollen an dieser Stelle lediglich die Ergebnisse ausgewählter Ursachen auszugsweise präsentiert werden.

Ein Aspekt den Bäcker, G. / Jansen, A. (2009; S. 41ff) in ihrer Arbeit untersucht haben ist, inwieweit die unterschiedliche Branchenstruktur in West- und Ostdeutschland einen Einfluss auf das Einkommensniveau hat. Die Datengrundlage für diese Untersuchung stellen die Vierteljährlichen Verdiensterhebungen des Statistischen Bundesamtes für das Quartal 2008 dar. Die Autoren haben herausgefunden, dass im Bereich des verarbeitenden Gewerbes (z.B. Ernährungsgewerbe, Fahrzeugbau, Maschinenbau) erhebliche Unterschiede in der Höhe des Einkommensniveaus zwischen West- und Ostdeutschland bestehen. Während in Westdeutschland mehr als ein Viertel aller Vollzeitbeschäftigten in diesem Bereich tätig ist, sind es in Ostdeutschland nicht einmal ein Fünftel. Das durchschnittliche Bruttomonatseinkommen der Ostdeutschen beträgt hier nur 67,1 % des durchschnittlichen Bruttomonatseinkommens der Westdeutschen (Bäcker, G. / Jansen, A. 2009; S. 43). Im Bereich der unternehmensnahen Dienstleistungen (z.B. Rechts-, Steuer- und Unternehmensberatung, Wach- und Sicherheitsdienste, Forschung und Entwicklung) sind die Unterschiede in der Höhe der Einkommensniveaus ähnlich wie im verarbeitenden Gewerbe. Auch hier ist die Mehrheit der ostdeutschen Bevölkerung in solchen Branchen tätig, in denen die Höhe des Einkommens deutlich geringer ist, als das der Westdeutschen (Bäcker, G. / Jansen, A. 2009; S. 51). Der Angleichungsprozess des Einkommensniveaus ist im öffentlichen Dienstleistungssektor (z.B. Erziehung und Unterricht, Kindergärten, Gesundheitswesen) bislang am weitesten fortgeschritten und in einigen Branchen sogar schon abgeschlossen. So liegt das durchschnittliche Bruttomonatseinkommen in Ostdeutschland im Bereich Erziehung und

Unterricht mit 3.242 Euro mehr als 200 Euro über dem Wert in Westdeutschland. Lediglich im Bereich Sozialwesen beträgt das durchschnittliche Bruttomonatseinkommen der Ostdeutschen nur 81,7 % des Einkommens der Westdeutschen. Die Daten der Vierteljährlichen Verdiensterhebungen zeigen außerdem, dass die Beschäftigtenanteile der Ostdeutschen in allen Unterkategorien im Bereich der öffentlichen Dienstleistungen über den Beschäftigtenanteilen der Westdeutschen liegen. Insgesamt sind in diesem Bereich 26,7 % der Ostdeutschen und 20,5 % der Westdeutschen tätig (Bäcker, G. / Jansen, A. 2009; S. 51ff). Sollte es in Zukunft nicht möglich sein, gerade im Bereich des verarbeitenden Gewerbes, sowie der unternehmensnahen Dienstleistungen, größere Industriekomplexe als auch Mutterkonzerne anzusiedeln, so werden sich in diesen Bereichen die Einkommensniveaus wohl auf absehbare Zeit nicht weiter annähern (Bäcker, G. / Jansen, A. 2009; S. 55).

Ein weiterer Punkt den Bäcker, G. / Jansen, A. (2009; S. 62ff) in ihrer Arbeit thematisiert haben, befasst sich mit der Frage, inwieweit das durchschnittliche Bruttomonatseinkommen von sogenannten Leistungsgruppen[6] innerhalb der Unternehmen abhängt. Die zugrunde liegende Vermutung der Autoren lautet, dass sich die Beschäftigten in Ostdeutschland eher in die Leistungsgruppen 3, 4 und 5 einordnen lassen, während sich die Beschäftigten in Westdeutschland vermehrt in den Leistungsgruppen 1 und 2 befinden. Würde sich diese Vermutung als richtig erweisen, so ließen sich damit die unterschiedlichen Einkommensniveaus in West- und Ostdeutschland erklären. Die Einteilung in unterschiedliche Leistungsgruppen erlaubt gleichzeitig die jeweiligen Personen zwischen den einzelnen Leistungsgruppen nach dem Grad der Ausstattung ihres Humankapitals und ihrem Grad an Produktivität zu ordnen und sie voneinander abzugrenzen. So besitzen Personen in den oberen Leistungsgruppen eine höhere und eventuell längere Schulbildung, als Personen in den unteren Leistungsgruppen. Gleichzeitig steigt der Grad der Produktivität der

---

[6] Leistungsgruppe 1: Arbeitnehmer in leitender Stellung; Leistungsgruppe 2: Herausgehobene Fachkräfte; Leistungsgruppe 3: Fachkräfte; Leistungsgruppe 4: Angelernte Arbeitnehmer; Leistungsgruppe 5: Ungelernte Arbeitnehmer; eine tiefere Charakterisierung der verschiedenen Leistungsgruppen befindet sich im Glossar der Jahresergebnisse, Fachserie 16 Reihe 2.3 des Statistisches Bundesamt (2010)

Angestellten mit der Höhe der unterschiedlichen Leistungsgruppen. Tabelle 7 stellt den prozentualen Anteil Vollzeitbeschäftigter und die Höhe des Bruttomonatsentgelts in Abhängigkeit der einzelnen Leistungsgruppen dar.

Tabelle 7: Anteil Vollzeitbeschäftigter in % und Höhe des Bruttomonatsentgelts nach verschiedenen Leistungsgruppen

Leistungs- gruppen	produzierendes Gewerbe und Dienstleistungsbereich			
	Westdeutschland		Ostdeutschland	
	Anteil abhängig Beschäftigter	Bruttomonats- einkommen[1]	Anteil abhängig Beschäftigter	Bruttomonats- einkommen[1]
LG1	12,2	5 929	9,7	4 824
LG2	24,8	3 923	21,0	3 136
LG3	42,0	2 817	50,0	2 173
LG4	14,7	2 308	14,7	1 786
LG5	6,3	1 902	4,6	1 570

1) ohne Sonderzahlungen

Quelle: Statistisches Bundesamt (2010); Eigene Darstellung nach der Vorlage von Bäcker, G. / Jansen, A. (2009; S. 63)

Betrachtet man zuerst die Leistungsgruppen 1 und 2, so fällt auf, dass in Westdeutschland 37 %, in Ostdeutschland jedoch nur 30,7 % aller Vollzeitbeschäftigten in diese beiden Gruppen fallen. Daraus ergibt sich, dass 63% der Vollzeitbeschäftigten in Westdeutschland und 69,3 % in Ostdeutschland den unteren drei Leistungsgruppen zugeordnet werden können. Würden die Anteile der Beschäftigten innerhalb der einzelnen Leistungsgruppen in Ostdeutschland denen in Westdeutschland entsprechen, dann würde sich somit auch das durchschnittliche Bruttomonatseinkommen in Ostdeutschland erhöhen und sich weiter an das der Westdeutschen anpassen. Ein Grund für die unterschiedliche Verteilung ist nach Bäcker, G. / Jansen, A. (2009; S. 63), dass Beschäftigte in ostdeutschen Betrieben eher ausführenden Tätigkeiten nachgehen, während deutlich mehr Angestellte in Westdeutschland in Führungspositionen zu finden sind. Allerdings wird auch hier wieder deutlich, dass das durchschnittliche Bruttomonatseinkommen in Ostdeutschland, über alle Leistungsstufen hinweg, niedriger ist als in Westdeutschland. Deswegen können die Einkommensunterschiede zwischen Ost- und Westdeutschland nicht allein durch die unterschiedliche Verteilung der Beschäftigten auf die einzelnen Leistungsgruppen erklärt werden. Es ist eher davon auszugehen, dass es sich um ein Zusammenspiel aus unterschiedlicher Branchenstruktur und dem Tätigkeitsniveau der Arbeitnehmer handelt (Bäcker, G. / Jansen, A. 2009; S.63f).

Ein weiterer Erklärungsansatz, der bereits im Kapitel „Entwicklung des Einkommensniveaus im Vergleich zwischen West- und Ostdeutschland" indirekt angesprochen wurde, stellt die vergleichsweise geringe Tarifbindung ostdeutscher Beschäftigter bzw. Betriebe dar. Dabei geht ein höherer Grad an Tarifbindungen mit einer Erhöhung des Effektivlohnniveaus einher, da Tariflöhne sogenannte Grundeinkommen darstellen. Hier wurde bereits festgestellt, dass die Tarifbindung sowohl der Beschäftigten, als auch der Betriebe im Zeitverlauf deutlich abgenommen hat und dass die Tarifbindung in Ostdeutschland erheblich unter der in Westdeutschland liegt. Für die vergleichsweise geringe Tarifbindung Ostdeutschlands sieht Bispinck, R. (2010; S. 77) hauptsächlich drei Gründe. Zum einen geben Unternehmen, die in der Vergangenheit tarifgebunden waren, ihre bestehenden Tarifverträge auf oder sie verlieren durch die Zerlegung in einzelne Unternehmensbereiche ihre Tarifbindung. Ein weiterer Grund ist, dass gerade neu gegründete Unternehmen oftmals gar nicht erst einem Arbeitgeberverband beitreten und auch keine Firmentarifverträge abschließen. Der dritte Grund besteht darin, dass es vielen Arbeitnehmerverbänden nicht möglich ist, nach Ablauf des bestehenden Tarifvertrages einen neuen Tarifvertrag auszuhandeln. Bäcker, G./ Jansen, A. (2009; S. 77) sehen auch einen Zusammenhang zwischen dem Grad der Tarifbindung und der Betriebsgröße. Sie fanden heraus, dass der Grad der Tarifbindung mit der Größe der Unternehmen zunimmt. Das bedeutet, dass größere Betriebe mit mehr Mitarbeitern stärker tarifgebunden sind als kleinere Betriebe mit weniger Mitarbeitern. Dies gilt sowohl für Westdeutschland, als auch für Ostdeutschland.

Es scheint daher plausibel, dass die Betriebsgröße ebenfalls einen Einfluss auf das unterschiedliche Einkommensniveau hat. Diese Hypothese hat sich in der Literatur mehrfach bestätigt. Einen guten Überblick über diese Thematik liefern Gerlach, K. / Schmidt, E (1989). Anhand Tabelle 8 soll dieser Zusammenhang nun im Vergleich zwischen West- und Ostdeutschland betrachtet werden. Die Zahlen sind allerdings mit Vorsicht zu genießen, da die Bundesagentur für Arbeit zur Darstellung des Anteils der Beschäftigten in Prozent, alle sozialversicherungspflichtig Beschäftigten berücksichtigt und das Statistische Bundesamt für die Ermittlung der durchschnittlichen Bruttomonatseinkommen nach Betriebsgrößenklassen lediglich Vollzeitbeschäftigte mit einbezieht. Dieser Umstand ist aber für die Analyse der Hypothese nicht so sehr von Bedeutung, da sich nur die Höhe des Einkommens verringern würde, würde man auch Teilzeit- und geringfügig Beschäftigte zu den Berechnungen des Statistischen Bundesamtes dazu zählen.

Tabelle 8: Anteil Vollzeit-/ bzw. sozialversicherungspflichtig Beschäftigter und durchschnittliches Bruttomonatseinkommen nach Betriebsgrößenklassen

Betriebsgrößenklassen	Westdeutschland		Ostdeutschland	
	Anteil Beschäftigte in Prozent[1]	durchschnittl. Bruttomonats- einkommen[2]	Anteil Beschäftigte in Prozent[1]	durchschnittl. Bruttomonats- einkommen[2]
bis 49 Beschäftigte	40,2	2 857	44,5	2 109
50 bis 99 Beschäftigte	11,7	3 015	13,2	2 208
100 bis 249 Beschäftigte	15,4	3 205	16,6	2 354
250 bis 499 Beschäftigte	10,5	3 472	9,8	2 665
über 500 Beschäftigte	22,2	3 702+	15,9	3 040+

1) Stand Juni 2010; sozialversicherungspflichtig Beschäftigte; eigene Berechnungen.
2) Vollzeitbeschäftigte im Produzierenden Gewerbe und Dienstleistungsbereich im Jahr 2010; ohne Sonderzahlungen.

Quelle: Statistisches Bundesamt (2010); Bundesagentur für Arbeit (2011b); Eigene Darstellung

Betrachtet man zunächst den Anteil der sozialversicherungspflichtig Beschäftigten im Jahr 2010 nach der Größe der Betriebe, so stellt man fest, dass dieser Anteil in Betrieben bis 49 Beschäftigte in Westdeutschland bei 40,2 % und in Ostdeutschland bei 44,5 % liegt. Mit zunehmender Betriebsgröße nähern sich die Anteile der Beschäftigten in West- und Ostdeutschland zwar an, allerdings ist der Anteil an Beschäftigten in Betrieben mit 100 bis 249 Beschäftigten in Ostdeutschland mit 16,6 % immer noch um 1,2 Prozentpunkte über dem Wert in Westdeutschland. Erst ab einer Betriebsgröße von 250 bis 499 Beschäftigten ist der Anteil der westdeutschen Beschäftigten mit 10,5 % höher, als der Anteil der ostdeutschen Beschäftigten mit einem Wert von 9,8 %. Arbeiten in einem Betrieb mehr als 500 Beschäftigte so liegt dieser Wert in Westdeutschland bei 22,2 % und in Ostdeutschland lediglich bei 15,9 %. Sind in Ostdeutschland die Mehrheit der Beschäftigten in klein- bis mittelgroßen Betrieben beschäftigt, so liegt der Beschäftigtengrad gerade in Betrieben mit mehr als 500 Beschäftigten in Westdeutschland deutlich über dem Wert in Ostdeutschland. Betrachtet man jetzt die durchschnittlichen Bruttomonatseinkommen in Abhängigkeit von der Betriebsgröße, so steigen diese mit zunehmender Betriebsgröße sowohl in den neuen, als auch in den alten Bundesländern stetig an. Auch wenn die Bruttoeinkommen der Ostdeutschen über jede Betriebsgrößenklasse hinweg unterhalb der Einkommen der Westdeutschen liegen, so hat doch die Verteilung der Beschäftigten auf die einzelnen Klassen einen Einfluss auf die Höhe der Einkommen. Die eher klein- bis mittelbetriebliche Struktur in Ostdeutschland ist also ein Grund für das durchschnittlich geringere Bruttoeinkommen im Vergleich zu Westdeutschland. Berücksichtigt man weiterhin, dass größere Betriebe eher tarifgebunden sind als kleinere Betriebe, so unterstützt diese Tatsache das Ergebnis, dass die Betriebsgröße einen nicht zu vernachlässigbaren Einfluss auf das Einkommensniveau hat.

3. Die Analyse der Einkommensverteilung

Nachdem nun im ersten Abschnitt auf die Entwicklung des Einkommensniveaus im Zeitverlauf und im Vergleich zwischen West- und Ostdeutschland eingegangen wurde, so soll nun in diesem Abschnitt auf die Einkommensverteilung in den beiden Bundesgebieten eingegangen werden. Der Begriff Einkommensverteilung beschreibt, wie sich das Gesamteinkommen auf einzelne Personen oder Personengruppen verteilt. Um die Verteilung der Einkommen analysieren zu können und um Aussagen treffen zu können, ob die Einkommen gleich oder ungleich verteilt sind, existieren spezielle Maße um den Grad der Verteilung der Einkommen messen zu können.

3.1 Maße für Einkommensungleichverteilungen

In der Literatur findet man häufig drei Maße mit denen der Grad der Einkommensungleichverteilung gemessen werden kann:

- Gini-Koeffizient
- Theil 0- bzw. Theil 1-Koeffizient
- Dezile bzw. Dezilverhältnisse

Das am häufigsten verwendete Ungleichheitsmaß stellt der Gini-Koeffizient dar. Für seine Berechnung ist es relevant, dass alle Personen aufsteigend nach der Höhe ihrer Einkommen geordnet werden. Will man den Gini-Koeffizienten berechnen, so verwendet man hierfür eine Lorenzkurve. Die Y-Achse beschreibt dabei die, in aufsteigender Reihenfolge aufsummierten, relativen Einkommen aller Personen und die X-Achse die aufsummierten Anteile der einzelnen Personen an der Gesamtbevölkerung. Die Lorenzkurve ordnet dabei jedem Anteil der Personen, welche ein Einkommen beziehen, den Anteil am Gesamteinkommen zu. Würde das Einkommen in der Bevölkerung gleich verteilt sein, so ließe sich dies auf einer Diagonalen innerhalb des ersten Quadranten ab- bilden. Die Fläche unterhalb der Lorenzkurve dividiert durch die Fläche unterhalb der Gleichverteilungsgeraden ergibt somit den Gini-Koeffizienten. Der Gini-Koeffizient ist zwischen null und eins normiert. Würde er den Wert null annehmen, so würde das Gesamteinkommen eines Staates auf alle Einkommensbezieher gleich verteilt sein. Würde er hingegen den Wert eins annehmen, so wäre das Einkommen maximal ungleich verteilt. Das hieße, dass das Gesamteinkommen eines Staates einer Person alleine gehören würde. Der Gini-Koeffizient reagiert im Bereich der Einkommen, die am häufigsten auftreten, also im mittleren Einkommensbereich, besonders sensitiv auf Veränderungen. Der Gini- Koeffizient besitzt allerdings den Nachteil, dass er für verschiedene Verteilungen den gleichen Wert annehmen kann. Man kann also allein aus dem Wert nicht herausfinden in welchen Einkommensbereichen eine Ungleichverteilung besteht (Sachverständigenrat 2009; S. 312f).

Das zweite Maß stellt der Theil 0- bzw. Theil 1-Koeffizient dar. Der Theil 0-Koeffizient wird aus der durchschnittlichen Abweichung der logarithmierten Einkommen vom logarithmierten Mittelwert berechnet (Sachverständigenrat 2009; S. 313). Will man den Theil 1-Koeffizienten berechnen, so müssen die logarithmierten Abweichungen noch dazu mit ihrem Einkommensanteil gewichtet werden. Während der Theil 0-Koeffizient besonders im unteren Einkommensbereich sensitiv auf Veränderung reagiert, so ist dies bei dem Theil 1-Koeffizienten nicht der Fall. Bei Gleichverteilung der Einkommen sind beide Theil-Koeffizienten auf null normiert, während sie bei maximaler Ungleichverteilung aber auch größer als eins werden können.

Ein ebenfalls häufig genutztes und sehr weit verbreitetes Ungleichverteilungsmaß sind sogenannte Dezile bzw. Dezilverhältnisse. Im Zusammenhang mit der Einkommensverteilung stellt ein Dezil einen bestimmten Einkommensanteil am Gesamteinkommen dar. Will man so einen Einkommensanteil berechnen, dann ordnet man zunächst die Einkommensbezieher nach der Höhe ihrer Einkommen in aufsteigender Reihenfolge. Anschließend teilt man die Verteilung in zehn gleich große Teile auf. Jetzt wird innerhalb jedes Dezils die Summe aus den Einkommen gebildet und abschließend der Einkommensanteil jedes Dezils am Gesamteinkommen berechnet. Auf Basis der einzelnen Dezile lassen sich auch Dezilverhältnisse berechnen. Dabei drücken Dezilverhältnisse aus, um welches Vielfache der Einkommensanteil der Personen eines Dezils über dem Einkommensanteil der Personen eines anderen Dezils liegt. Ein Wert des 90/10-Dezilverhältnisses beschreibt also das Vielfache, um das die Einkommensschwelle der Personen im 9. Dezil, über der Einkommensschwelle der Personen im 1. Dezil liegt (Rukwid, R. 2007; S. 35).

3.2 Entwicklung der Einkommensverteilung im Vergleich zwischen West- und Ostdeutschland

In diesem Kapitel soll nun anhand der Einkommensmaße Marktäquivalenzeinkommen und äquivalenzgewichtetes Haushaltsnettoeinkommen die Entwicklung der Einkommensverteilung im Vergleich zwischen West- und Ostdeutschland präsentiert werden. Die Auswahl dieser beiden Einkommensmaße ist bewusst getroffen worden, da das Marktäquivalenzeinkommen Aufschluss darüber gibt, wie die Verteilung der Einkommen vor den staatlichen Umverteilungsmaßnahmen aussieht und das äquivalenzgewichtete Haushaltsnettoeinkommen solche Umverteilungsmaßnahmen mit berücksichtigt. Auf die Gründe für den Grad der Ungleichverteilung wird im nächsten Kapitel näher eingegangen. Tabelle 9 soll einen Überblick über die Verteilung der Marktäquivalenzeinkommen geben.

Tabelle 9: Verteilung des Marktäquivalenzeinkommens anhand ausgewählter Verteilungsmaße

	Marktäquivalenzeinkommen					
Jahr	West- deutschland	Ost- deutschland	West- deutschland	Ost- deutschland	West- deutschland	Ost- deutschland
	Gini-Koeffizient		Theil 0-Koeffizient		Theil 1-Koeffizient	
1991	0,396	0,370	0,636	0,630	0,286	0,254
1995	0,425	0,449	0,672	0,893	0,329	0,363
2000	0,428	0,478	0,677	1,008	0,330	0,408
2005	0,461	0,538	0,813	1,256	0,399	0,515
2007	0,461	0,512	0,814	1,185	0,394	0,466

Quelle: Sachverständigenrat (2009; S. 313); Geänderte Darstellung

Man kann dieser Tabelle entnehmen, dass sowohl der Gini-Koeffizient, als auch der Theil 0- bzw. Theil 1-Koeffizient im Zeitverlauf deutlich zugenommen haben. Lag der Gini- Koeffizient in Westdeutschland im Jahr 1991 bei 0,396, so lag er im Jahr 2007 schon bei 0,461 (Sachverständigenrat 2009; S. 312). Diese Anstiege des Gini-, sowie der beiden Theil-Koeffizienten bedeuten, dass sich die Einkommen im Zeitverlauf ungleicher auf die Bevölkerung verteilt haben. Allerdings lässt sich auch festhalten, dass die absolute Steigerung der Koeffizienten, ausgehend vom Jahr 1991, in Ostdeutschland sehr viel stärker ausgeprägt ist als in Westdeutschland. Für den Gini-Koeffizienten bedeutet dies eine absolute Steigerung in Westdeutschland von 1991 auf 2007 um 0,065 und in Ostdeutschland um 0,142. Das heißt, dass sich die Marktäquivalenzeinkommen in Ostdeutschland im Zeitverlauf wesentlich ungleicher verteilt haben als in Westdeutschland. Allerdings ist die absolute Änderung des Gini-Koeffizienten bei weitem nicht so stark ausgeprägt wie die absolute Veränderung des Theil 0-Koeffizienten. Dies liegt daran, dass der Gini-Koeffizient besonders sensitiv auf Veränderungen im mittleren Einkommensbereichen reagiert, während der Theil 0-Koeffizient besonders sensitiv auf Veränderungen in unteren Einkommensbereichen reagiert. Aufgrund der unterschiedlichen absoluten Änderungen der beiden Koeffizienten kann man schließen, dass die Änderungen im mittleren Einkommensbereich bei weitem nicht so gravierend waren wie Veränderungen im unteren Einkommensbereich. Um diese Annahme überprüfen zu können, soll anhand von Tabelle 10 die Verteilung der Marktäquivalenzeinkommen auf die einzelnen Dezile betrachtet werden.

Tabelle 10: Verteilung der Marktäquivalenzeinkommen auf die einzelnen Dezile

Dezile	Marktäquivalenzeinkommen			
	West-deutschland	Ost-deutschland	West-deutschland	Ost-deutschland
	1991		2007	
1. Dezil	0,3	0,1	0,2	0,0
2. Dezil	2,2	2,2	1,9	0,4
3. Dezil	4,8	5,5	3,5	1,9
4. Dezil	6,9	7,4	5,5	3,7
5. Dezil	8,4	8,9	7,3	6,4
1. - 5. Dezil	22,5	24,1	18,4	12,4
6. Dezil	9,9	10,5	9,1	9,6
7. Dezil	11,6	12,1	11,1	12,6
8. Dezil	13,7	13,9	13,4	15,7
9. Dezil	16,8	16,4	17,1	19,5
10. Dezil	25,5	23,2	30,9	30,2

Quelle: Sachverständigenrat (2009; S. 316); Geänderte Darstellung

Die Verteilung der Marktäquivalenzeinkommen nach Dezilen bestätigt diese Vermutung. Betrachtet man zuerst die Entwicklung der Verteilung in Westdeutschland, so fällt auf, dass sie im Jahr 1991 im Vergleich zum Jahr 2007 gerade in den unteren bis mittleren Einkommensdezilen noch wesentlich gleicher verteilt war. Die Differenz der absoluten Höhe der Anteile von Personen, die ein bestimmtes Einkommen am Gesamteinkommen beziehen, ist in den unteren bis mittleren Einkommensdezilen noch deutlich höher, als in den oberen Einkommensdezilen. Betrachtet man zum Beispiel die Dezile 1-5, so bezogen die unteren 50 % der Personen, geordnet nach der Höhe ihrer Einkommen, noch 22,5% des Gesamteinkommens im Jahr 1991. Verglichen mit dem Jahr 2007, ist dieser Wert um 4,1 Prozentpunkte auf 18,4 % gefallen. Weiterhin fällt auf, dass das obere Zehntel der Bevölkerung im Jahr 1991 25,5 % der Gesamteinkommen bezogen hat, dieser Wert allerdings bis zum Jahr 2007 auf 30,9 % angestiegen ist. Das bedeutet also, dass sich die Marktäquivalenzeinkommen gerade in den Dezilen 1-5 und im obersten Einkommensdezil in Westdeutschland im Zeitverlauf wesentlich ungleicher verteilt haben. Die Kluft zwischen den unteren und den oberen Dezilen ist im Zeitverlauf deutlich auseinander gegangen. Betrachtet man jetzt die Entwicklung der Verteilung der Marktäquivalenzeinkommen in Ostdeutschland, so zeigt sich ein ähnlicher Trend wie in Westdeutschland. Auch hier haben sich die Einkommen im Zeitverlauf ungleicher verteilt. Besaßen im Jahr 1991 die unteren 50 % der Bevölkerung noch 24,1 % des Gesamteinkommens, so lag dieser Wert im Jahr 2007 nur noch bei 12,4 % (Sachverständigenrat 2009; S. 314). Betrachtet man die Personen im obersten Dezil, so hat sich deren Anteil am Gesamteinkommen, von 23,2 % im Jahr 1991 auf 30,2 % im Jahr 2007 auch hier deutlich erhöht. War der Anteil am Gesamteinkommen im Jahr 1991 in den Dezilen 1-5 in Ostdeutschland noch um 1,6 Prozentpunkte höher als in Westdeutschland, so lag er im Jahr 2007 mit 12,4 % um 6 Prozentpunkte unterhalb des Wertes in Westdeutschland. In Bezug auf die unteren bis mittleren Einkommensdezile hat sich die Verteilung der Einkommen in Ostdeutschland deutlich ungleicher entwickelt als in Westdeutschland. Eine Erklärung, auf die aber im nächsten Kapitel näher eingegangen wird, ist die Zunahme der Arbeitslosenzahlen in West- und Ostdeutschland, auch wenn Ostdeutschland stärker von dieser Entwicklung betroffen ist, als Westdeutschland.

Als nächstes soll die Entwicklung der Verteilung der äquivalenzgewichteten Haushaltsnettoeinkommen untersucht werden. Da die Höhe dieser Einkommensart Aufschluss darüber gibt, wie viel ein Haushalt tatsächlich zur Verfügung hat, kommt dieser Verteilung eine besondere Bedeutung zu. Auch hier soll zuerst anhand der Tabelle 11 der Grad der Ungleichverteilung mit Hilfe des Gini- und der beiden Theil-Koeffizienten veranschaulicht werden.

Tabelle 11: Verteilung des äquivalenzgewichteten Haushaltsnettoeinkommens anhand ausgewählter Verteilungsmaße

Jahr	äquivalenzgewichtetes Haushaltsnettoeinkommen					
	West-deutschland	Ost-deutschland	West-deutschland	Ost-deutschland	West-deutschland	Ost-deutschland
	Gini-Koeffizient		Theil 0-Koeffizient		Theil 1-Koeffizient	
1991	0,248	0,206	0,104	0,070	0,108	0,070
1995	0,267	0,208	0,126	0,075	0,129	0,076
2000	0,265	0,214	0,122	0,078	0,126	0,079
2005	0,295	0,245	0,152	0,104	0,179	0,104
2007	0,295	0,238	0,149	0,097	0,175	0,096

Quelle: Sachverständigenrat (2009; S. 313); Geänderte Darstellung

Betrachtet man zuerst die Entwicklung des Gini-Koeffizienten in Westdeutschland, so lag er im Jahr 1991 bei 0,248 und ist dann bis zum Jahr 2007 um 0,047 auf 0,295 angestiegen. In Ostdeutschland sieht diese Entwicklung ähnlich aus. Hier lag der Gini- Koeffizient im Jahr 1991 bei 0,206 und ist ebenfalls, wenn auch nur um 0,032, im Zeitverlauf bis zum Jahr 2007 auf 0,238 angestiegen. Diese geringere absolute Zunahme des Gini-Koeffizienten in Ostdeutschland bedeutet, dass das Ausmaß der Ungleichverteilung in Ostdeutschland nicht so stark zugenommen hat wie in Westdeutschland. Aus den kleineren Gini-Koeffizienten in Ostdeutschland verglichen mit Westdeutschland, kann man schließen, dass die äquivalenzgewichteten Haushaltsnettoeinkommen in Ostdeutschland gleicher verteilt sind als in Westdeutschland. Desweiteren ist der Grad der Ungleichverteilung der äquivalenzgewichteten Haushaltsnettoeinkommen deutlich geringer als der Grad der Ungleichverteilung der Marktäquivalenzeinkommen. Ähnlich der Entwicklung des Gini-Koeffizienten haben sich auch die beiden Theil-Koeffizienten entwickelt. Auch sie sind im Zeitverlauf von 1991 bis 2007 leicht angestiegen. Allerdings fällt dieses Ansteigen um ein Vielfaches geringer aus, als das Ansteigen der beiden Theil-Koeffizienten bei der Betrachtung des Marktäquivalenzeinkommens. Der Grad der Ungleichverteilung in West- und Ostdeutschland hat im Zeitverlauf nur sehr gering zugenommen. Aus allen drei Koeffizienten geht hervor, dass das äquivalenzgewichtete Haushaltsnettoeinkommen wesentlich ähnlicher verteilt ist als das Marktäquivalenzeinkommen. Um die Ergebnisse dieser aggregierten Maße auch auf Haushaltsebene zu verdeutlichen, soll nun anhand Tabelle 12 die Verteilung der äquivalenzgewichteten Haushaltsnettoeinkommen anhand einzelner Dezile betrachtet werden.

Tabelle 12: Verteilung der äquivalenzgewichteten Haushaltsnettoeinkommen auf die einzelnen Dezile

Dezile	äquivalenzgewichtetes Haushaltsnettoeinkommen			
	West-deutschland	Ost-deutschland	West-deutschland	Ost-deutschland
	1991		2007	
1. Dezil	4,1	4,8	3,6	4,1
2. Dezil	5,8	6,6	5,2	5,9
3. Dezil	6,8	7,4	6,3	7,0
4. Dezil	7,7	8,1	7,1	7,9
5. Dezil	8,6	8,9	8,1	8,9
1. - 5. Dezil	33,0	35,8	30,3	33,7
6. Dezil	9,5	9,8	9,1	9,8
7. Dezil	10,6	10,7	10,3	10,7
8. Dezil	12,1	11,9	11,7	11,9
9. Dezil	14,1	13,5	14,2	14,1
10. Dezil	20,6	18,4	24,3	19,8

Quelle: Sachverständigenrat (2009; S. 316); Geänderte Darstellung

Untersucht man die Verteilung des äquivalenzgewichteten Haushaltsnettoeinkommens anhand einzelner Dezile, so fällt auf, dass der Grad der Ungleichverteilung in Westdeutschland, ausgehend vom Jahr 1991 bis zum Jahr 2007, auch hier zugenommen hat. Betrachtet man zum Beispiel die Dezile 1-5, so bezogen im Jahr 1991 die untersten 50% der Bevölkerung 33 % des Gesamteinkommens, während im Jahr 2007 die untersten 50 % der Bevölkerung nur noch 30,3 % des Gesamteinkommens bezogen. Vergleicht man die Entwicklung des äquivalenzgewichteten Haushaltsnettoeinkommens mit der Entwicklung des Marktäquivalenzeinkommens, so hat sich aber die Verteilung des Marktäquivalenzeinkommens im Zeitverlauf deutlich ungleicher entwickelt (siehe Tabelle 10). Noch deutlicher wird dieser Unterschied, wenn man sich die Entwicklung der Verteilung des äquivalenzgewichteten Haushaltsnettoeinkommens in Ostdeutschland anschaut. Besaßen im Jahr 1991 die untersten 50 % der Bevölkerung 35,8 % des Gesamteinkommens, so waren es im Jahr 2007 noch 33,7 %. Damit liegen diese Werte deutlich über den Werten der Verteilung des Marktäquivalenzeinkommens. Weiterhin fällt auf, dass in Westdeutschland der Grad der Ungleichverteilung im Zeitverlauf stärker zugenommen hat als in Ostdeutschland. Dieser Befund wird noch einmal bestätigt, wenn man einen Blick auf die Dezilverhältnisse des äquivalenzgewichteten Haushaltsnettoeinkommens wirft. So beschreibt das 90/10-Dezilverhältnis im Jahr 1991 in Westdeutschland, dass die Einkommensschwelle des neunten Dezils um das 2,98-fache über der Einkommensschwelle des ersten Dezils lag. Dieser Wert stieg bis zum Jahr 2007 auf 3,55 an (Sachverständigenrat 2009; S. 316). In Ostdeutschland verhält es sich ähnlich, jedoch fallen diese Werte geringer aus. Lag die Schwelle der Einkommensbezieher im neunten Dezil um das 2,44-fache über der Schwelle der Einkommensbezieher im ersten Dezil, so lag diese im Jahr 2007 bei 2,97. Sowohl in West- als auch in Ostdeutschland, hat sich der Abstand zwischen den Dezilen vergrößert, was mit einer ungleicheren Verteilung der Einkommen einhergeht. Ebenso hat sich das Verhältnis vom 90/50- bzw. 50/10-Dezilverhältnis verschlechtert. In Westdeutschland lag dieser Wert im Jahr 1991 bei 1,71 bzw. 1,74, im Jahr 2007 dann bei 1,88 bzw. 1,89. Im Vergleich dazu lagen die Werte dieser Verhältnisse 1991 in Ostdeutschland bei 1,57 bzw. 1,55 und 2007 bei 1,67 bzw. 1,78. Für die Verschlechterung des 90/10- und auch des 50/10-Dezilverhältnisses im Zeitverlauf, dürfte der Rückgang der Tarifbindung sowohl der Beschäftigten als auch der Betriebe verantwortlich sein (siehe Abbildung 2). Ein höherer Grad an Tarifbindung bedeutet hierbei, dass die Lohnhöhe relativ stabil bleibt, während ein Rückgang der Tarifbindung die Lohnhöhe deutlich sinken lässt. Zieht man dieses Einkommensmaß zur Analyse der Verteilung der Einkommen heran, so sind zu beiden Zeitpunkten die Einkommen in Ostdeutschland gleicher verteilt als die Einkommen in Westdeutschland. Grund hierfür ist das Eingreifen des Staates. Aufgrund der höheren Arbeitslosigkeit in Ostdeutschland, beziehen auch mehr Haushalte Arbeitslosengeld II. Da bei dem äquivalenzgewichteten Haushaltsnettoeinkommen unter anderem staatliche Transferleistungen hinzugerechnet werden, ist in Ostdeutschland das Einkommen gerade in den unteren Einkommensbereichen besser verteilt als in Westdeutschland.

Anhand einer Dekomposition der Gesamteinkommen soll jetzt untersucht werden, wie groß der Anteil einzelner Einkommensbestandteile am

Gesamteinkommen ist. Dies ist insbesondere deshalb relevant, da hier zum Beispiel die große Bedeutung staatlicher Transferleistungen in Ostdeutschland hervorgehoben wird. Dies begründet nämlich unter anderem die größere Ungleichheit der Marktäquivalenzeinkommen im Vergleich zu den äquivalenzgewichteten Haushaltsnettoeinkommen. Der Sachverständigenrat hat in seinem Bericht eine Dekomposition anhand von Daten des sozioökonomischen Panels vorgenommen. Das Ergebnis soll nun für das Jahr 2007 anhand Abbildung 4 dargestellt werden. Betrachtet man zuerst die Zusammensetzung der Einkommen in Ostdeutschland über alle Dezile hinweg, so fällt auf, dass die Einkommen aus nichtselbständiger Erwerbstätigkeit mit 58 % den größten Anteil am Gesamteinkommen ausmachen. Jedoch haben Einkommen aus Sozialversicherungsrenten mit einem Anteil am Gesamteinkom- men von ca. 19 % und staatliche Transferleistungen, wie Arbeitslosengeld II, mit einem Anteil von über 9 % ebenfalls eine große Bedeutung an den Gesamteinkommen der ostdeutschen Bevölkerung (Sachverständigenrat 2009; S. 315). Betrachtet man die Anteile der verschiedenen Einkommensarten über die einzelnen Dezile hinweg, so fällt die große Bedeutung staatlicher Transferleistungen und Sozialversicherungsrenten gerade in den unteren Dezilen auf[7]. So macht der Anteil der staatlichen Transferleistungen im ersten Dezil über 40 % und im zweiten Dezil immer noch über 30 % vom Gesamteinkommen dieser Bevölkerungsklassen aus. Ähnlich verhält es sich auch mit dem Anteil an Sozialversicherungsrenten. Hier macht ihr Anteil in Ostdeutschland im ersten Dezil über 20%, im zweiten Dezil ca. 25% und im 5. Dezil sogar über 30 % am Gesamteinkommen aus. Außerdem nimmt die Bedeutung der nichtselbständigen Erwerbstätigkeit, sowie der selbständigen Erwerbstätigkeit über die einzelnen Dezile hinweg zu. Betrachtet man hingegen die Verteilung der Einkommensarten am Gesamteinkommen in Westdeutschland, so sieht diese Verteilung schon deutlich anders aus. Der Anteil der nichtselbständigen Erwerbstätigkeit am Gesamteinkommen, beträgt hier über alle Dezile hinweg 62 %. Der Anteil der Sozialversicherungsrenten und der staatlichen Transfers machen 12,7 % bzw. 5,8 % am Gesamteinkommen aus (Sachverständigenrat 2009; S. 315). Im Vergleich zu Ostdeutschland,

---

[7] Die Werte der einzelnen Einkommensarten über die einzelnen Dezile, sind geschätzt, da der Sachver- ständigenrat keine Werte ausgibt

kommt den Einkommen aus nichtselbständiger Erwerbstätigkeit damit eine größere Bedeutung am Gesamteinkommen zu, während die Bedeutung der Sozialversicherungsrenten und der Einkommen aus staatlichen Transfers am Gesamteinkommen nicht so groß ist.

Abbildung 4: Gesamteinkommen nach Einkommensarten und Dezilen in West- und Ostdeutschland im Jahr 2007

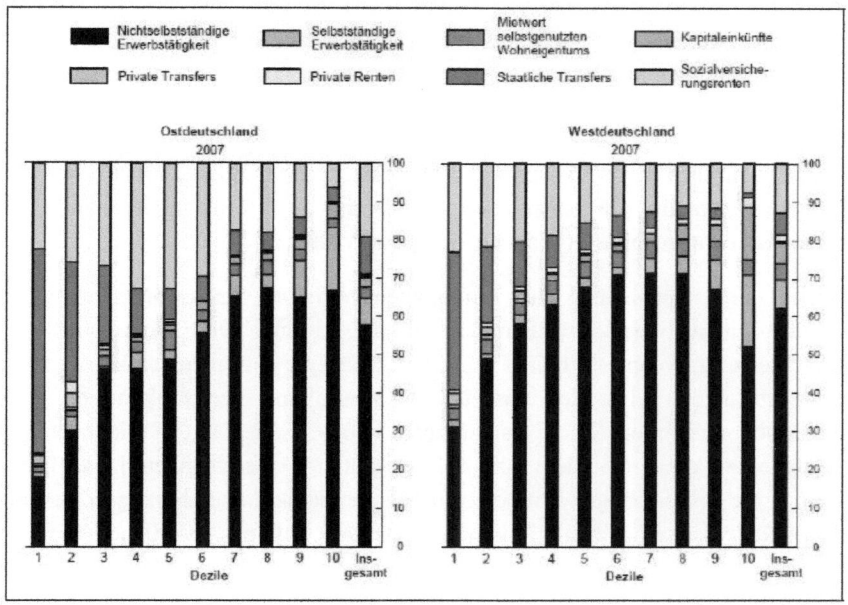

Quelle: Sachverständigenrat (2009; S. 318); Geänderte Darstellung

Sieht man sich wieder die Anteile der verschiedenen Einkommensarten am Gesamteinkommen nach einzelnen Dezilen an, so machen staatliche Transfers im ersten Dezil nur ca. 35 % und im zweiten Dezil ca. 20 % aus. Desweiteren liegt der Anteil der Sozialversicherungsrenten im ersten Dezil bei ca. 22 %, während er im zweiten Dezil noch bei 20 % und im fünften Dezil bei 15 % liegt. Auch hier nimmt die Bedeutung der nicht- selbständigen, sowie der selbständigen Erwerbstätigkeit über die einzelnen Dezile hinweg zu.

Aus dieser Dekomposition der Gesamteinkommen bestätigt sich noch einmal, dass den staatlichen Umverteilungsmaßnahmen, wie Arbeitslosengeld II und Renten aus der gesetzlichen Rentenversicherung, eine große Bedeutung zukommt, die jedoch in Ostdeutschland stärker ausgeprägt ist als in Westdeutschland. Die ungünstigere Altersstruktur in Ostdeutschland, verglichen mit Westdeutschland, ist die Ursache dafür, dass die Sozialversicherungsrenten in Ostdeutschland einen höheren Anteil am Gesamteinkommen haben. Zusätzlich haben ostdeutsche Rentner in ihrem Erwerbsleben länger gearbeitet, was die momentan noch höheren Renten in Ostdeutschland erklärt (Sachverständigenrat 2009; S. 315). Dies begründet auch, warum der Anteil der Sozialversicherungsrenten in Ostdeutschland auch im fünften und sechsten Dezil noch sehr hoch ist. Aufgrund der höheren Arbeitslosigkeit in Ostdeutschland, sind zudem auch mehr Haushalte auf Arbeitslosengeld II angewiesen, was den größeren Anteil der staatlichen Transfers am Gesamteinkommen in Ostdeutschland ausmacht (Sachverständigenrat 2009; S. 315).

Neben der Untersuchung der Einkommensverteilung, muss auch analysiert werden, wie hoch die Verweildauern innerhalb der einzelnen Einkommensdezile sind. Denn nur wenn es möglich ist, das Beschäftigte aus einzelnen Dezilen auf- bzw. absteigen, wird sich das auf die Verteilung der Einkommen auch langfristig auswirken (Sachverständigenrat 2009; S. 317). Um die Mobilität darstellen zu können, bedient man sich sogenannter Übergangsmatrizen. Hierzu werden die äquivalenzgewichteten Haushaltsnettoeinkommen herangezogen und die Höhe der einzelnen Einkommensklassen auf das Medianeinkommen bezogen[8]. Das bedeutet, dass sich in der untersten Einkommensklasse, alle Haushalte befinden, die weniger als 50 % des Medianeinkommens und in der zwei- ten Einkommensklasse alle Haushalte, die 50 bis unter 80 % des Medianeinkommens zur Verfügung haben befinden (Sachverständigenrat 2009; S. 317). Allerdings sind diese Zahlen mit Vorsicht zu genießen, da teilweise die Fallzahlen sehr klein sind (Sachverständigenrat 2009; S. 317). Der Sachverständigenrat hat solch eine Übergangsmatrize entworfen, jedoch sollen hier die Übergangsmatrizen für West- und Ostdeutschland von Geißler, R.

---

[8] Bezogen auf das Medianeinkommen, werden hier sieben Einkommensklassen verwendet: <50 %, 50-<80 %, 80- <100 %, 100- <120 %, 120- <150 %, 150- <200 % und >200% (Geißler, R. 2010; S. 20)

(2010; S. 20 ff) für diese Analyse verwendet werden. Diese Matrizen beruhen ebenfalls auf den Daten des Sachverständigenrates, allerdings ist meiner Meinung nach die Darstellung bei Geißler, R. (2010) übersichtlicher und leichter verständlich. Die Mobilität wird hier anhand der Jahreszeiträume von 1992-1995 und 2004-2007 dargestellt (Geißler, R. 2010; S. 20). Betrachtet man zuerst die Mobilität über den ersten Zeitraum in Westdeutschland, so ist diese jeweils an den Rändern relativ gering. So verbleiben über diesen Drei-Jahres-Zeitraum hinweg 40 % der Personen in der untersten Einkommensschicht. In der zweiten Einkommensschicht, sind es sogar 53 %. Allerdings sind 37% der Personen aus der zweiten Einkommensschicht in höhere Schichten aufgestiegen, während nur 10 % abgestiegen sind. Noch geringer fällt die Mobilität in der Einkommensschicht von 150 - <200 % des Medianeinkommens und in der Einkommensschicht von >200% des Medianeinkommens aus. In diesen Einkommensschichten verweilen 47% bzw. 59 % der Betroffenen. Allerdings sind in der zweitobersten Einkommensschicht mehr als drei Mal so viele Leute über diesen Drei-Jahres-Zeitraum hinweg ab-, wie aufgestiegen. Betrachtet man jetzt zum Vergleich den zweiten Zeitraum von 2004- 2007, so hat sich diese eher geringe Mobilität an den Rändern sogar noch verfestigt. In der untersten Einkommensschicht verweilen nach drei Jahren immer noch 47 % und in der zweiten Einkommensschicht sogar 57 %. Allerdings ist auch hier die Tendenz, in die nächst höheren Einkommensschichten aufzusteigen, mehr als doppelt so hoch, wie abzusteigen. Das Verharrungsvermögen am obersten Rand beläuft sich in diesem Zeitraum auf 69 % bei gleichzeitigem Sinken des Abstiegsrisikos im Vergleich zum ersten Zeitraum. Die Mobilität der mittleren Einkommensschichten haben sich über die zwei Zeiträume dahingehend entwickelt, dass sich die Chance in untere Einkommensschichten abzusteigen erhöht und die Möglichkeit in obere Einkommensschichten aufzusteigen, im Vergleich zum ersten Zeitraum, verringert hat. Schaut man sich die Einkommensmobilität in Ostdeutschland an, so zeigt sich ein anderes Bild, was die Verweildauern an den Rändern anbelangt. Aufgrund zu geringer Fallzahlen sind für den ersten Zeitraum keine Daten für die unterste Schicht vorhanden. Für den zweiten Zeitraum von 2004-2007 beträgt jedoch die Verweildauer in der untersten Schicht nur 35 % und die Aufstiegschance ist höher als in Westdeutschland. Auch in der zweiten Schicht sind die Verweildauern in beiden Zeiträumen mit jeweils 51 % geringer als in Westdeutschland. Gleichzeitig sind auch hier die Aufstiegschancen in Ostdeutschland höher als in Westdeutschland. In der obersten Einkommensschicht verbleiben mit 41 % im ersten Zeitraum und mit 48 % im zweiten Zeitraum deutlich weniger Personen als in Westdeutschland. Das Abstiegsrisiko ist im zweiten Zeitraum sogar mehr als doppelt so hoch wie in Westdeutschland. Ähnlich wie in Westdeutschland sind auch in Ostdeutschland die Aufstiegschancen geringer als die Abstiegsrisiken. Allerdings haben sich in Ostdeutschland die Abstiegsrisiken im Zeitverlauf tendenziell eher erhöht, während sich die Aufstiegschancen teilweise deutlich verringert haben.

3.3 Gründe für die Einkommensungleichverteilung zwischen den alten und den neuen Bundesländern

Es hat sich im vorherigen Abschnitt gezeigt, dass der Grad der Ungleichverteilung der Löhne, sowohl in West- als auch in Ostdeutschland deutlich zugenommen hat. Bei der Betrachtung der Dezilverhältnisse im Zusammenhang mit den äquivalenzgewichteten Haushaltsnettoeinkommen ist aufgefallen, dass dies insbesondere auf die starke Zunahme des 90/10- bzw. 50/10-Dezilverhältnisses im Zeitverlauf zurückzuführen ist und weniger auf die Zunahme des 90/50-Dezilverhältnisses. Dies bedeutet, dass die Ursachen für die Zunahme der Ungleichverteilung im Zeitverlauf hauptsächlich auf Veränderungen in den untersten Einkommensschichten zurückzuführen sind (Saniter, N. 2007; S. 8)[9]. Es muss daher untersucht werden, welche Faktoren ausschlaggebend dafür sind, dass sich die Lohnstruktur vor allem in den unteren Einkommensbereichen im Zeitverlauf verändert hat. Die größte Bedeutung in diesem Zusammenhang dürfte wohl die Zunahme der Arbeitslosigkeit sowohl in West- als auch in Ostdeutschland haben (Sachverständigenrat 2009; S. 315). Anhand von Daten der Bundesagentur für Arbeit (2011a; S. 56), lässt sich erkennen, wie sich die Arbeitslosenquoten in West und Ostdeutschland entwickelt haben. Diese lag in Westdeutschland im Jahr 1994 an allen zivilen Erwerbspersonen bei 8,1 %, ist dann im Zeitverlauf bis zum Jahr 2005 auf 9,9 % angestiegen und lag im Jahr 2010 bei 6,6 %. Betrachtet man die Arbeitslosenquote in Ostdeutschland, so zeigt sich ein ähnliches Bild was die Zunahme bis zum Jahr 2005 angeht, allerdings auf einem deutlich höheren

---

[9] Da dieses Werk eine Literaturübersicht darstellt, wird im Folgenden immer nur der Autor der Literaturübersicht als Quelle angegeben und nicht die eigentlichen Autoren, deren Ergebnisse in diesem Werk dargestellt wurden

Niveau wie in Westdeutschland. Lag sie im Jahr 1994 bei 14,8 % aller ziviler Erwerbspersonen, so ist sie fast kontinuierlich bis zum Jahr 2005 auf 18,7% angestiegen und betrug im Jahr 2010 noch immer 12,0 %. Damit lag die Arbeitslosenquote in Ostdeutschland zu allen Zeitpunkten deutlich über der Arbeitslosenquote in Westdeutschland. Nach Rukwid, R. (2007; S. 5f) sind insbesondere gering Qualifizierte in besonders hohem Maße von der Zunahme der Arbeitslosigkeit betroffen. Lag die Arbeitslosenquote in Westdeutschland im Jahr 1991 bei Personen ohne Schulabschluss noch bei ca. 13 %[10] an der Gesamtarbeitslosenquote in Westdeutschland, so lag sie im Jahr 2003 bei 21,7%. In Ostdeutschland ist dieser Anstieg deutlich ausgeprägter. Hier lag die Arbeitslosenquote von gering Qualifizierten im Jahr 1991 bei ca. 31 % und stieg bis zum Jahr 2003 um ca. 20 Prozentpunkte auf 51,2 % an. Ohne näher auf die Zahlen eingehen zu wollen, ist dieser Anstieg der Arbeitslosenquoten bei qualifizierten bzw. hoch qualifizierten Personen, sowohl in West-, als auch in Ostdeutschland deutlich geringer ausgefallen. Auch wenn anhand der Daten der Bundesagentur für Arbeit (2011a; S. 56) zu erkennen ist, dass sich die Lage am Arbeitsmarkt nach dem Jahr 2005 wieder entspannt hat, so bleiben die gering Qualifizierten gegenüber den höher Qualifizierten die Verlierer dieser Entwicklung. Wie sich bereits in Kapitel 2.4 gezeigt hat, kann man das Qualifikationsniveau anhand verschiedener Leistungsgruppen spezifizieren (vgl. Tabelle 7). Es hatte sich gezeigt, dass der Anteil der Personen, welche in die Leistungsgruppen 3, 4 und 5 fallen, in Ostdeutschland größer ist, als der Anteil in Westdeutschland. Desweiteren steigt mit der Höhe der Leistungsgruppen das verfügbare Einkommen der Personen. Verbindet man diese Tatsache mit der Entwicklung der Arbeitslosenquoten in West- und Ostdeutschland, insbesondere derjenigen der gering qualifizierten Personen, so ist die höhere Arbeitslosenquote in Ostdeutschland im Vergleich zu Westdeutschland für die ungleichere Verteilung der Löhne in Ostdeutschland verantwortlich. Allerdings trifft dieses Ergebnis nur für die Entwicklung der Marktäquivalenzeinkommen im Zeitverlauf zu. Anders als bei dem äquivalenzgewichteten Haushaltsnettoeinkommen, zählen hier keine staatlichen Transferzahlungen, zum Beispiel in Form von Arbeitslosengeld II, hin- zu. Da man diese staatlichen

---

[10] Da hier keine Zahlen für das Jahr 1991 ausgewiesen werden, wurden die Werte anhand des Graphenverlaufes abgelesen

Umverteilungsmaßnahmen aber berücksichtigen muss, will man eine realitätsnahe Verteilung abbilden, so ändert sich das Bild der stärkeren Ungleichverteilung Ostdeutschlands im Vergleich zu Westdeutschland. Wie bereits durch eine Dekompositionsanalyse gezeigt wurde, kommt den staatlichen Transferzahlungen in Ostdeutschland eine wesentliche stärkere Bedeutung zu, als in Westdeutschland. In Verbindung mit den durchschnittlich höheren Renten in Ostdeutschland (Sachverständigenrat 2009; S. 315), kann man anhand der Dezilverhältnisse der äquivalenzgewichteten Haushaltsnettoeinkommen von West- und Ostdeutschland erkennen, dass die Einkommen in Ostdeutschland sowohl im Jahr 1991, als auch im Jahr 2007 gleicher verteilt sind, als in Westdeutschland. Allerdings ist die Zunahme der Arbeitslosigkeit im Zeitverlauf dennoch ein Grund, warum sich auch die äquivalenzgewichteten Haushaltsnettoeinkommen, sowohl in West- als auch in Ostdeutschland seit 1991 ungleicher verteilt haben.

Ein weiterer Grund für die im Zeitverlauf ungleichere Verteilung der äquivalenzgewichteten Haushaltsnettoeinkommen, sowohl in West- als auch in Ostdeutschland, ist der Rückgang der Gewerkschaftsmitglieder (Saniter, N. 2007; S. 24ff). Nach Saniter, N. (2007; S. 24) können Gewerkschaften grundsätzlich sowohl für eine Vergrößerung der Lohnungleichheit, als auch für eine Verringerung der Lohnungleichheit sorgen. Zum einen wäre es ja möglich, dass gewerkschaftsgebundene Arbeitnehmer ein höheres Arbeitseinkommen erzielen als gewerkschaftsungebundene Arbeitnehmer. Andererseits kann eine starke Gewerkschaft dafür sorgen, dass gerade die Löhne in den unteren Einkommensbereichen durch Tarifverträge angehoben werden, was wiederum die Lohndispersion von höheren Löhnen zu geringeren Löhnen verkleinern würde. In der Literatur wird überwiegend von der zweiten Annahme ausgegangen. Will man den Einfluss von Gewerkschaften messen, so bedient man sich des Nettoorganisationsgrades (Saniter, N. 2007; S. 24). Es zeigt sich, dass mit einem abnehmenden Nettoorganisationsgrad auch die Lohnspreizung im Zeitverlauf zugenommen hat. In Saniter, N. (2007; S. 26) ist dieser Befund nur für Westdeutschland abgebildet worden. Allerdings ist der Nettoorganisationsgrad eng mit der Bindung an diverse Tarifverträge gekoppelt. Anhand der Abbildung 2 konnte aber gezeigt werden, dass der Grad der Tarifbindung, sowohl in West- als auch in Ostdeutschland deutlich im Zeitverlauf abgenommen hat, woraus man folgern kann, dass der Nettoorganisationsgrad der Gewerkschaften ebenfalls abgenommen hat und somit auch in Ostdeutschland ein Zusammenhang zwischen abnehmendem Nettoorganisationsgrad und steigender Lohndispersion besteht. Allerdings besteht immer noch die Möglichkeit, dass der Rückgang der Gewerkschaften als Folge der Lohndispersion verstanden werden kann. Jedoch ist sich die Literatur in Bezug auf die Kausalität einig, dass der Rückgang der Gewerkschaften eine Veränderung der Einkommensverteilung nach sich zieht (Saniter, N. 2007; S. 26). Da Gewerkschaften unter anderem Löhne für die Mitarbeiter aushandeln, die gleichzeitig einen (mindest-)Lohncharakter besitzen, so verwundert es nicht, dass bei einem Bedeutungsverlust der Gewerkschaften die Lohnhöhe in den unteren Lohnbereichen sinkt und damit der Abstand zu den oberen Einkommensbereichen wächst. Da Ostdeutschland von diesem Rückgang stärker betroffen ist als Westdeutschland, erklärt die Variable Nettoorganisationsgrad auch zu einem höheren Grad die ungleichere Verteilung der Einkommen im Zeitverlauf in Ostdeutschland. Ökonometrische Studien belegen, dass der Grad des Rückganges des Nettoorganisationsgrades die Spreizung der Einkommen in West- und Ostdeutschland zu etwa 30 % erklärt (Saniter, N. 2007; S. 38).

4. Fazit und Ausblick

Am Ende dieser Arbeit soll noch einmal die Frage aufgegriffen werden, ob und inwieweit es gelungen ist, das politische Ziel, der Anpassung der Einkommensniveaus der ostdeutschen Bevölkerung an das der westdeutschen Bevölkerung, realisiert werden konnte. Es sind nun mehr als 20 Jahre seit dem Mauerfall vergangen und die Bilanz des Angleichungsprozesses fällt zumindest in den 90er Jahren positiv und ab der Jahrtausendwende nur moderat aus.

Bedingt durch die Wiedervereinigung hatten sich die Löhne von 1991 bis 1995 in Ostdeutschland deutlich erhöht, was dazu geführt hat, dass der Angleichungsprozess in diesem Zeitraum sehr schnell vorangeschritten ist. Ab 1995 hat sich diese Entwicklung deutlich verlangsamt und ab dem Jahr 2000 ist sie dann fast vollständig zum Stillstand gekommen.

Die Gründe für diese Entwicklung sind vielfältig. Zum einen bedingt eine unterschiedliche Branchenstruktur in West- und Ostdeutschland die Niveauunterschiede, zum anderen spielt auch die Größe der Unternehmen, sowie die Art der Tätigkeit innerhalb eines Unternehmens eine bedeutende Rolle. Desweiteren führt die Abnahme der Tarifbindung, sowohl der Betriebe als auch der Unternehmen dazu, dass sich die Anpassung der Löhne im Laufe der Zeit verlangsamt hat.

Bei der Betrachtung der Einkommensverteilung hat sich gezeigt, dass die Armen im Zeitverlauf ärmer geworden sind und die Reichen reicher. Dies gilt sowohl für West- als auch für Ostdeutschland, wie die Einkommensverteilung nach Dezilen bzw. Dezilverhältnissen und eine Analyse der Verweildauern innerhalb der einzelnen Einkommensklassen gezeigt hat. Die Gründe für diese Entwicklung bestehen zum einen in der hohen Arbeitslosigkeit geringfügig Beschäftigter, zum anderen in dem Bedeutungsverlust der Gewerkschaften, sowohl in West- als auch in Ostdeutschland.

Die in dieser Arbeit verwendete Literatur stellt nur einen kleinen Teil des großen Angebotes an wissenschaftlichen Arbeiten zu diesem Themengebiet dar. Viele Autoren haben das 20-jährige Jubiläum des Mauerfalls zum Anlass genommen, sich die Entwicklung des Angleichungsprozesses der Einkommen näher zu betrachten. Insbesondere zur Entwicklung des Einkommensniveaus existieren sowohl von Seiten des Statistischen Bundesamtes, als auch des WSI umfangreiche Daten, die eigene Darstellungen und Auswertungen ermöglichen.

Leider stehen Datensätze, die die Entwicklung der Einkommensverteilung beinhalten, nicht zur freien Verfügung, so dass in diesen Bereichen verstärkt auf vorhandene Literatur zurückgegriffen werden musste.

Um den Angleichungsprozess weiter voranzutreiben und die Verteilung der Einkommen gleicher zu gestalten, besteht allerdings dringender Handlungsbedarf seitens der Politik. Zum einen müsste die Arbeitslosigkeit deutlich gesenkt werden und es müssten gerade gering Qualifizierten Anreize geboten werden überhaupt eine Arbeit aufzunehmen, da diese den überwiegenden Anteil an der Gesamtarbeitslosenquote, insbesondere in Ostdeutschland, ausmachen. Des Weiteren sollten gerade größeren Unternehmen durch Subventionen Anreize geboten werden, ihre Standorte vermehrt in den Osten Deutschlands zu verlagern. Zusätzlich sollte mehr Geld für Bildung und Ausbildung ausgegeben werden, da nur so einem drohenden Fachkräftemangel, speziell in Ostdeutschland, entgegengewirkt werden kann. Falls es der Politik gelingen sollte, gerade in diesen Bereichen etwas zu verändern, dann besteht die Möglichkeit, dass sich auch das Einkommen der Ostdeutschen weiter an das Einkommen der Westdeutschen annähern kann. Die bisherige Entwicklung hat jedoch gezeigt, dass es in Zukunft eher nicht zu einer weiteren merklichen Angleichung der Einkommen kommen wird.

5. Literaturverzeichnis

Bäcker, G. / Jansen, A., 2009: Analyse zur Entwicklung der Bruttolöhne und -gehälter in Ost- und Westdeutschland. Deutsche Rentenversicherung Bund, Band 84.

Bispinck, R., 2010: 20 Jahre Tarifpolitik in Ostdeutschland. S. 58–105 in: WSI-Tarifhandbuch 2010, Kapitel 5, Wirtschafts- und Sozialwissenschaftliches Institut in der Hans-Böckler-Stiftung (WSI). URL http://www.matthiasroessler.de/mav/page4/files/WSI.pdf [10. Juni 2011]

Bundesagentur für Arbeit, 2011a: Arbeitsmarkt in Deutschland - Zeitreihen bis 2010. URL http://statistik.arbeitsagentur.de/nn_4236/Statischer-Content/Statistische-Analysen/Analytikreports/Zentrale-Analytikreports/Jaehrliche-Analytikreports/ Analytikreports-Aktuelles-190511.html [12. Juli 2011]

Bundesagentur für Arbeit, 2011b: Betriebsgrößenklassen (Betriebe und ihre sozial- versicherungspflichtig Beschäftigten) - Deutschland. URL http://statistik.arbeitsagentur.de/nn_31966/SiteGlobals/Forms/Rubriken suche/Rubrikensuche_Form.html?view= processForm&resourceId=210368&input_=&pageLocale=de&topicId= 17386&year_month=aktuell&year_month.GROUP=1&search=Suchen [21. Juni 2011]

Bundesministerium des Innern, 2010: IAB-Betriebspanel Ost - Ergebnisse der fünfzehnten Welle . URL http://www.bmi.bund.de/SharedDocs/Downloads/ BODL/IAB/ panel2010_welle.pdf?blob=publicationFile [08. Juli 2011]

Geißler, R., 2010: Die Sozialstruktur Deutschlands - Aktuelle Entwicklungen und theoretische Erklärungsmodelle. WISO-Diskurs, Gutachten im Auftrag der Abteilung Wirtschafts- und Sozialpolitik der Friedrich-Ebert-Stiftung. URL http://library.fes.de/pdf-files/wiso/07619.pdf [06. Juli 2011]

Gerlach, K. / Schmidt, E, 1989: Unternehmensgröße und Entlohnung. S. 355–373 in: Mitteilungen aus der Arbeitsmarkt- und Berufsforschung, Band Jg. 22, H. 3. URL http://doku.iab.de/mittab/1989/1989_3_MittAB_Gerlach_ Schmidt.pdf [21. Juni 2011]

Gernandt, J. / Pfeiffer, F., 2007: Wage Convergence and Inequality after Unification: (East) Germany in Transition. SOEPpapers 107, Berlin. URL http://www.diw.de/documents/publikationen/73/85462/diw_sp0107.pdf [21. April 2011]

Goebel, J. / Frick, J. / Grabka, M., 2009: Preisunterschiede mildern Einkommensgefälle zwischen West und Ost. Wochenbericht des DIW Berlin Nr. 51-52: 888–895. URL http://www.diw.de/documents/publikationen /73/diw_01.c.344928.de/09-51-1.pdf [28. Mai 2011]

Goebel, J. / Krause, P. / Frick, J. / Grabka, M. / Wagner, G., 2010: Eine exemplarische Anwendung der regionalisierten Preisniveau-Daten des BBSR auf die Einkommensverteilung für die Jahre 2005 bis 2008. SOEPpapers 284, DIW Berlin . URL http://www.diw.de/documents/publikationen/73/diw_01.c. 354231.de/diw_sp0284.pdf [10. Juli 2011]

Rukwid, R., 2007: Arbeitslosigkeit und Lohnspreizung - Empirische Befunde zur Arbeitsmarktsituation gering Qualifizierter in Deutschland. Schriftenreihe des Pro- motionsschwerpunkts Globalisierung und Beschäftigung Nr. 24. URL http://econstor.eu/bitstream/10419/30371/1/625143094.pdf [11. Juli 2011]

Sachverständigenrat, 2009: Die Zukunft nicht aufs Spiel setzen (Jahresgutachten 2009/2010), Wiesbaden, S. 308-322 . URL http://www.sachverstaendigenrat-wirtschaft.de/fileadmin/dateiablage/ download/gutachten/ga09_ges.pdf [21. April 2011]

Saniter, N., 2007: Lohnspreizung in Deutschland - Eine Literaturübersicht. Institut für Makroökonomie und Konjunkturforschung in der Hans-Böckler-Stiftung (IMK) - Policy Brief . URL http://www.boeckler.de/pdf/p_imk_pb_11_2007.pdf [08. Juli 2011]

Schnabel, C., 1997: Tariflohnpolitik und Effektivlohnfindung. Peter Lang GmbH - Europäischer Verlag der Wissenschaften, Frankfurt am Main.

Smolny, W., 2004: Der Wiederaufbau nach dem 2. Weltkrieg und die deutsche Vereinigung - Bestandsaufnahme, Vergleich und Schlussfolgerungen für die Wirt- schaftspolitik. S. 11–25 in: Fitzenberger, W. / Smolny, W. / Winker, P. (Hg.), Herausforderungen an den Wirtschaftsstandort Deutschland, ZEW Wirtschaftsanalysen, Band 72, Nomos.

URL http://www.mathematik.uni-ulm.de/wipo/forschung/veroeffentlichungen/wa-dv.pdf [24. Mai 2011]

Statistisches Bundesamt, 2010: Verdienste und Arbeitskosten - Jahresergebnisse, Fachserie 16 Reihe 2.3 . URL http://www.destatis.de/jetspeed/portal/cms/ Sites/destatis/Internet/DE/Content/Publikationen/ Fachveroeffentlichungen/VerdiensteArbeitskosten/Arbeitnehmerverdienste/ArbeitnehmerverdiensteJ,templateId=renderPrint.psml [17. Juni 2011]

Volkswirtschaftliche Gesamtrechnungen der Länder, 2010: Arbeitnehmerentgelt, Bruttolöhne und -gehälter in den Ländern und Ost-West-Großraumregionen Deutschlands 1991 bis 2010. http://www.vgrdl.de/Arbeitskreis_VGR/ergebnisse.asp? lang=de-DE#LA-ICM [31. Mai 2011]

Wagner, J., 2007: Ausbildung und Einkommen in Ost- und Westdeutschland - Eine empirische Analyse anhand des sozioökonomischen Panels. VDM Verlag Dr. Müller.

Wanger, S., 2008: Jahresarbeitszeit: Das Teilzeitphänomen. S. 28–33 in: Sprunghöhe: Das Beschäftigungsziel immer fest im Blick, Band 2, IAB-Forum. URL http://doku.iab.de/forum/2008/Forum2-2008_Wanger.pdf [08. Juli 2011]

Wirtschafts- und Sozialwissenschaftliches Institut in der Hans-Böckler- Stiftung (WSI), 2011: Statistisches Taschenbuch Tarifpolitik 2011 . URL http://www.boeckler.de/16676.html [10. Juni 2011]

Andrea Beckert

Jugend im Wandel. Eine Frage der Generation

Zur Entwicklung der Wertorientierungen deutscher Jugend seit der Wiedervereinigung

2012

1. Einleitung

Viele Menschen, die schon im Erwachsenenalter angekommen sind oder dieses bereits überschritten haben, denken gern an ihre Jugendzeit zurück. Erzählungen über Erinnerungen und Erfahrungen aus dieser Zeit werden oft mit Phrasen wie „Als ich noch jung war", „Zu meiner Zeit", oder auch „In meiner Generation" eingeleitet. Dies verweist nicht nur darauf, dass die Jugendzeit eine subjektiv als sehr wichtig empfundene Lebensphase ist, sondern auch, dass im Nachhinein oftmals die Empfindung vorherrscht, aufgrund der Umstände und einer bestimmten Lebensweise eben zu dieser bestimmten Jugend und nicht zu einer anderen gehört zu haben.

Subjektiv wird der eigenen Jugend oft eine enorme Bedeutung beigemessen. Einmal diese Entwicklungsphase überschritten, fällt es oft schwer, sich noch einmal richtig in einen Lebensabschnitt hineinzufühlen, in dem sich Aufgaben wie Identitätsfindung, Ablösung vom Elternhaus und Berufsfindung bündeln. Das Ineinklangbringen zwischen den Wünschen und Bedürfnissen sowie den eigenen Fähigkeiten und der Umwelt ist vor allem eine psychische Herausforderung, die es zu bewältigen gilt. Das Streben nach Autonomie und Selbstverwirklichung, das Finden der eigenen Persönlichkeit und die Orientierung in einer vorgegebenen Welt sind prägende Erfahrungen, denen sich ein Individuum stellen muss, um sich in einer individualisierten Welt einen Platz zu verschaffen. Obwohl der Übergang zwischen Jugend und Erwachsenenalter, vor allem durch den möglichen verlängerten Verbleib im Bildungssektor, nicht eindeutig abgegrenzt werden kann, so weiß man in der Regel doch, wann man nicht mehr jugendlich ist, nämlich meist dann, wenn man sich zu der nachrückenden Jugendgeneration aufgrund seiner Denk- und Handlungsweisen, seiner Bedürfnisse oder seines Lebensstils nicht mehr zugehörig fühlt. Dann spricht man eben von der „Jugend heutzutage" oder der „nächsten Generation".

Aber auch von Seiten der Gesellschaft bekommt die Jugend eine hohe Relevanz zugeschrieben. Jugend steht häufig im öffentlichen Diskurs, wodurch oft neue Jugendbilder entstehen. Nicht nur Jugendgenerationen wie die „68er Generation" hatten einen Einfluss auf das Denken und Erleben der Gesellschaft. Aufgrund ihres Entwicklungspotenzials gilt die Jugend als „Hoffnungsträger der Gesellschaft" und seitens der Gesellschaft werden Erwartungen an die Jugend gestellt. Der Begriff der Jugend ist kulturell aufgeladen, man kann sogar von einem „hoffnungsvollen Projizieren sozialen Wandels auf die junge Generation" sprechen (Walther et al. 2011, S. 7). Auch deshalb werden Begriffe wie Freiheits- und Erlebnisdrang, Entwicklung, Offenheit und Wandel mit Jugend assoziiert. In Anlehnung an Helmut Schelskys „skeptische Generation" oder die 68er-Studentenbewegung, eine Generation, welche maßgeblich zu einem sozialen Wandel beitrug, werden dazu häufig neue Generationen proklamiert. So tauchen oft neue Begrifflichkeiten wie „Generation Golf", „Generation Praktikum" oder ähnliches in den Medien auf. Dahinter steckt – trotz Individualisierung und Pluralisierung von Lebensweisen – die Vermutung, dass gesellschaftliche Strukturen das Wesen der aktuellen Jugend beeinflussen und die Herausbildung solcher Generationen bewirken.

Es finden sich deshalb zahlreiche Bemühungen, ein Bild von der jeweils aktuellen Jugend zu schaffen und zu schauen, was sich verändert hat. So gibt es zahlreiche Studien, welche ihr Augenmerk auf die Jugend richten, wie zum Beispiel die Shell Jugendstudien, die seit 1953 in regelmäßigen Abständen Untersuchungen zu Einstellungen, Werten und Verhaltensweisen der Jugendlichen in der BRD durchführen. Das Interesse daran, die Jugend zu ergründen, zu verstehen und gesellschaftlich abzubilden, ist groß. Trotz verschwommener Altersgrenzen und innerer Heterogenität wird diese eigenständige Lebensphase zwischen Kindheit und Erwachsenalter als Gesamtbild von der Gesellschaft beobachtet und steht mit dieser in einem Wechselwirkungsverhältnis: Sozialisationsbedingungen in Familie, Schule, Ausbildung, Freizeit, Konsum und Medien prägen die Wertvorstellungen von jungen Menschen, welche ihrerseits mit gesellschaftlichen Verhältnissen in Wechselwirkung stehen und das gesellschaftliche Umfeld ebenso beeinflussen können. Aber die mögliche Gestaltung der Jugendphase wird auch durch historische und gesellschaftliche Prozesse und Vorgaben beeinflusst. Das heißt, dass gemeinsame prägende Erfahrungen ein gemeinsames Generationenbewusstsein hervorrufen können. Ein „kritisches Lebensalter", wie die Jugend, ist prädestiniert dafür, dass eine durch bestimmte Umwelteinflüsse hervorgerufene Lebenspraxis langfristig verbindet und deshalb spezielle Wertvorstellungen ausprägt werden.

Aber nicht nur Umwelteinflüsse, sondern auch historische Ereignisse können eine Lebenssituation und Lebenseinstellung beeinflussen. Ein großes historisches Ereignis in Deutschland war die Wiedervereinigung 1990, welche nicht nur gesamtgesellschaftliche Konsequenzen hatte, sondern für jedes Individuum folgenreich war. Geht man davon aus, dass sich eine

Jugendgeneration durch einen gemeinsamen Erfahrungshorizont von einer anderen unterscheidet, so muss dies für die damalige Jugend aufgrund der Sozialisationserfahrungen in der DDR und der plötzlichen Veränderungen prägende Auswirkungen gehabt haben. Es stellt sich deshalb die Frage, inwiefern sich diese Jugend in ihren Wertorientierungen und Verhaltensweisen unterscheidet und welcher Entwicklungsverlauf sich bei der Jugend seitdem diesbezüglich abzeichnet.

Diese Arbeit hat deshalb das Ziel, zu veranschaulichen, inwiefern sich in der BRD die heutige Jugendgeneration von der Generation der Wendezeit sowie der 1990er Jahre unterscheidet, und diese Veränderungen mit soziokulturellen und gesellschaftlichen Gegebenheiten in Verbindung zu bringen. So löste der Systemtransformationsprozess während der Wendezeit schockartige Veränderungen in den Alltagswelten der Jugendlichen aus, welche das Verhalten und die Einstellungen nachhaltig beeinflussten. Im weiteren Verlauf zeichnet sich das Bild einer unpolitischen Jugend, während aktuell vor dem Hintergrund von Globalisierung und Leistungsdruck, das Bild einer leistungsorientierten und pragmatischen Jugendgeneration entsteht.

Auf makrosoziologischer Ebene sollen die Veränderungen der Wertorientierungen und Verhaltensweisen der Jugendlichen anhand eines Vergleichs zwischen verschiedenen Jugendstudien seit der Wende sichtbar gemacht werden, und damit der Frage nachgegangen werden, wie und warum sich die Jugendkohorten voneinander unterscheiden. Dazu soll als erstes konkret auf das Wechselwirkungsverhältnis zwischen Jugend und Gesellschaft eingegangen werden. Eine Veränderung der Wertorientierungen Jugendlicher kann als ein Indikator eines sozialen Wandels gesehen werden, da Jugendliche in ihren Bedürfnissen besonders sensibel auf gesellschaftliche Missstände reagieren. Darauf aufbauend bieten Klages Überlegungen zum Wertwandel einen Hintergrund, um aufzuzeigen, wie es in Auseinandersetzung mit äußeren Umständen zu einem Schwanken von Wertorientierungen kommt. Bildet eine Jugendkohorte in Auseinandersetzung mit den gesellschaftlichen Vorgaben eine spezielle Bewältigungsstrategie heraus, die eben in einer solchen Veränderung der Wertorientierungen, Einstellungen und Verhaltensweisen sichtbar wird, so spricht man von einer Genartionengestalt. Dies soll im darauffolgenden Kapitel verdeutlicht werden. Nach konkreten Betrachtungen der Jugendlichen, welche die Wende erlebt haben, den Jugendlichen der 1990er Jahre und denen der 2000er Jahre kann in Verbindung mit den theoretischen Überlegungen untersucht werden, welche Wertorientierungen und Bewältigungsstile sich entwickelt haben. Abschließend stellt sich die Frage, ob diese Alterskohorten auch unterschiedliche Generationen im Sinne eines gemeinsamen Generationenbewusstseins darstellen.

2. Jugend, Jugendkulturen und deren Beziehung zur Gesellschaft

2.1. Zur Entstehung der Jugendphase und der Jugendkulturen

Die Jugend gilt als eine „Lebensphase eigener Qualität" (vgl. Hurrelmann 2007, S. 40). Dass dem so ist, ist vor allem historisch durch die Modernisierung bedingt. Mit einsetzender Industrialisierung und Wirtschaftswachstum sind nicht nur ökonomische, sondern auch politische, soziale und kulturelle Entwicklungen verbunden (vgl. Schröder 1995, S. 15). Die mit der Modernisierung einhergehende Individualisierung in westlichen Demokratien, also die Freisetzung des Menschen aus vorgegebenen traditionellen Gesellschaftsstrukturen bei gleichzeitigem Verlust traditioneller Sicherheiten, hat Auswirkungen auf Lebensläufe und Biographien dahingehend, dass neue Formen der sozialen Einbindung entstehen (vgl. Beck 1986, S. 206f.). Stabile Lebensläufe haben durch ihre sozialintegrative Wirkung an Bedeutung gewonnen, da sie eine Richtung aufzeigen und Sicherheit vermitteln. Dem Lebensalter als gesellschaftliches Strukturmerkmal wird damit eine besondere Bedeutung beigemessen, da mit ihm bestimmte Alterstypisierungen und Altersnormen verbunden werden, die Orientierung verleihen (vgl. Kohli 1978, S. 13ff.). Die Entstehung und Ausdifferenzierung der Lebensphase Jugend ist deshalb ein gesellschaftlich hergestelltes Phänomen und unterliegt Veränderungen in Abhängigkeit des gesellschaftlichen Wandels. Durch kulturelle, soziale und ökonomische Veränderungen können die verschiedenen Lebensphasen neu strukturiert werden. Die Gestaltungsmöglichkeiten einzelner Lebensphasen sind damit im Wesentlichen vom gesellschaftlichen und wirtschaftlichen Kontext abhängig. Beispielsweise trifft in vielen Entwicklungsländern das Bild des in einer Familie lebenden, eine schulische und berufliche Ausbildung absolvierenden Jugendlichen nicht zu; oft gehören Armut und Kinderarbeit zum Alltag. Die erheblichen ökonomischen, politischen, rechtlichen und kulturellen Unterschiede zwischen den Staaten und Regionen haben deshalb einen erheblichen Einfluss auf die Lebensbedingungen Heranwachsender und das jeweilige Verständnis von Jugend als Lebensphase (vgl. Scherr, 2009, S. 55). Unter der Voraussetzung einer modernisierten Gesellschaft und eines sich entwickelnden materiellen Wohlstands konnte in Deutschland eine Jugendphase als Zeit der Identitätssuche und des Ausprobierens, entstehen.

In der vorindustriellen Gesellschaft gab es diese Lebensphase noch nicht. Als gesellschaftliche Kategorie entwickelte sich die Jugend in Deutschland erst etwa Ende des 19. Jahrhunderts in bürgerlichen Schichten heraus. Neben den bürgerlichen und gebildeten „Jünglingen", die vorwiegend aus Studentenvereinigungen bestanden, entstand im Zuge zunehmender Verstädterung das Bild des „Jugendlichen", das vorerst stark negativ behaftet war. Dieses bezog sich auf die „Proletarierjugend", welche in den Großstädten durch kriminelle Aktivitäten auffiel (vgl. Roth 1983, S. 13, 108). Der Begriff „Jugendlicher" hatte seinen Ursprung in Gefängnissen und staatlichen Rettungshäusern, welche Jugendfürsorge betrieben, um den verwahrlosten Schulentlassenen die Integration in die Gesellschaft zu ermöglichen (vgl. ebd., S. 112f.). Somit ist die Jugendzeit pädagogischen Ursprungs: Die notwendige Entstehung von Bildungs- und Erziehungsinstitutionen bewirkte, dass sich das negative Bild in ein positives verwandelte und die Jugend als eine Zeit betrachtet wurde, in der eine Entwicklung zu einem sich in die Gesellschaft integrierenden Bürger stattfand (vgl. ebd., S. 122). Aufgrund eines gesellschaftlich – zuerst noch kurzen - zugestandenen Schonraums zur Identitätsentwicklung entstand die Jugend als eine eigene gesellschaftliche Gruppe, die dem Schutz durch Erwachsene bedurfte. Die soziale Konstruktion der Jugendphase kann somit als eine „Erfindung" mit dem Ziel der sozialen Kontrolle und als ein Prozess der Sozialdisziplinierung verstanden werden (vgl. von Trotha, 1982, S. 258). Dies geschieht durch den Entwurf des Bildes des Jugendlichen als höheren Schüler, der Normen, Werte und gesellschaftliche Ansprüche verkörpert. Die sich ausbreitende Pädagogisierung bewirkte, dass mit Hilfe einer sorgsamen Kontrolle der Umweltbedingungen eine Jugendzeit entstand, indem der Jugendliche zu Selbstverantwortung erzogen wurde und diese selbst entwickeln konnte (vgl. ebd., S.265).

Das Einsetzen der Industrialisierung bewirkte so, dass Bildungs- und Erziehungsaufgaben nicht mehr ausschließlich der Familie oblagen. Durch die Einführung der allgemeinen Schulpflicht und der damit verbundenen Vorstellung, dass Entwicklungen und Lernprozesse einem bestimmten Lebensalter angemessen sein und in Gleichaltrigengruppen erfolgen sollten, entstand die Institutionalisierung der Kindheit und später auch Jugend (vgl. Liebsch 2012, S. 14). Eine Ausdifferenzierung der Jugendphase bis in alle Bevölkerungsschichten hinein lässt sich aber erst um 1950 datieren (vgl. Hurrelmann 2012, S.16, Scherr 2009, S. 27). Die Schulzeit als ein vom

Familienalltag abgekoppelter Bezugsrahmen, welcher zur Entfaltung der eigenen Persönlichkeit in der Jugendzeit beitrug, erweiterte sich nochmals seit der Einführung geregelter Ausbildungen und weiterer Bildungs- und Qualifikationsschritte. Auch die Notwendigkeit einer höheren Bildungsinvestition durch schlechte Konjunkturphasen sowie geburtenstarke Jahrgänge, welche den Erwerbssektor überforderten, führten zu einem weiteren längeren Verbleib in Bildungseinrichtungen. Durch diese strukturellen Veränderungen, die vor allem vom Erwerbssektor ausgingen, hat die Jugendphase eine zeitliche Ausdehnung erfahren, was zu Konsequenzen hinsichtlich des gesellschaftlichen Ansehens und der Eigenständigkeit dieser Entwicklungsphase führte. Dies begünstigte die Entstehung eines Lebensabschnitts, in dem einerseits noch keine Verantwortung für die Gesellschaft übernommen werden muss, andererseits aber vollwertig partizipiert werden kann (vgl. Hurrelmann/ Quenzel 2012, S. 16, 21ff.). Nicht nur spezielle Bildungs- und Freizeiteinrichtungen, sondern auch die Etablierung gesellschaftlicher Institutionen wie beispielsweise des Jugendstrafrechtes oder der Jugendämter zeigen seitdem, dass die Jugend eine spezielle, wichtige und von anderen Entwicklungsstufen abgegrenzte Stellung besitzt. Als Übergangsphase zwischen Kindheit und Erwachsenenalter bildete sich so eine Lebensphase heraus, in der Identitätsbildung und die Auseinandersetzung mit sich selbst und der Umwelt zur zentralen Aufgabe werden. Die in sich widersprüchliche Konstellation von ökonomischer und sozialer Abhängigkeit einerseits und der gesellschaftlich geschaffenen Freiräume für die Persönlichkeitsentwicklung andererseits, ist Merkmal dieses Lebensabschnitts. Im Laufe der Jahre hat sich also ein Leitbild herausgebildet, an welches Vorstellungen und Erwartungen sowie ein positiver Sinn geknüpft ist (vgl. Mierendorff et al. 2010, S. 132).

Seitens der Gesellschaft gibt es jedoch altersbezogene Erwartungen, welche als Entwicklungsaufgaben bezeichnet werden. Neben der Aufgabe der psychischen und biologischen Identitätsentwicklung, stehen aus soziologischer Perspektive während der Jugendzeit folgende Anforderungen im Vordergrund: Kompetenzerwerb für die gesellschaftliche Mitgliedsrolle eines Berufstätigen und Familiengründers sowie Kompetenzerwerb für die gesellschaftliche Mitgliedsrolle als Konsument und außerdem auch eines partizipierenden Bürgers (vgl. Hurrelmann/Quenzel 2012, S. 37). Während die beiden letzten Fähigkeiten aufgrund spezifischer Jugendangebote früher erlernt werden, haben sich das Erlernen der Berufsfindungs- und Familiengründungskompetenz nach hinten verschoben. Im Zuge der Destandardisierung kommt es seit den 1980er Jahren insofern zu einem Strukturwandel der Jugendphase, dass diese an inhaltlicher Struktur und Gestalt zu verlieren scheint (vgl. Mierendorff 2010, S. 135). Wichtige Ereignisse, wie zum Beispiel der Berufseintritt oder die Heirat, die Mitte des 20. Jahrhunderts den Übergang zum Erwachsenenalter markierten, sind mittlerweile individualisiert und unterliegen einer Vielfalt an Gestaltungsmöglichkeiten. So lassen beispielsweise der Besuch weiterführender Bildungseinrichtungen oder das Beschreiten eines sekundären Bildungswegs sowie die Pluralisierung von privaten Lebensformen Übergänge verschwimmen und eine mögliche Verortung der Jugendphase bis zum 27. Lebensjahr zu.

Als konstitutives Merkmal der Jugendphase gilt die Orientierung an Gleichaltrigen-Gruppen, auch Peer Groups oder Peer Gruppen genannt. Die Peer Gruppe als bedeutungsvolle Instanz für das Aufwachsen von Jugendlichen findet sich unter anderem in Schulklassen, Nachbarschaften, Freundkreisen und Jugendvereinen. Sie dienen der „wechselseitigen Vergewisserung über ein geteiltes Verständnis von Regeln, Normen und der Wirklichkeit schlechthin" (vgl. Breidenstein 2004, S. 922) und stellen somit eine wichtige Ressource für die Subjektbildung dar. Nicht nur die Identitätsbildung, sondern auch ein Wir-Gefühl und das Vorhandensein einer Gruppendynamik können sich so ausbilden. Peer Gruppen stellen damit einen Übergangs- und Aushandlungsraum dar, in welchem Jugendliche sich wechselseitig austauschen und in Differenz und Übereinstimmung erproben können. Jugend als eine Zeit zwischen Kindheit, die mit einer starken Einbindung in den Familienalltag verbunden ist und dem Erwachsenenalter, das stark von einem Berufsalltag geprägt ist, bietet insgesamt einen größtmöglichen Raum zur freien Entfaltung. Die Abkoppelung der Jugend von der wirtschaftlichen Reproduktion der Gesellschaft führt zu einer erhöhten Verfügbarkeit von Freizeit, die in Aktivitäten im Konsum-, Medien- und Freizeitsektor investiert werden kann (vgl. Hurrelmann/Quenzel 2012, S.24). Dies verweist sowohl auf die Möglichkeit zur Bildung von Jugendkulturen als auch auf deren Verbreitungsmöglichkeiten.

2.2. Jugendkulturen

Mit dem Begriff Jugendkultur ist nicht etwa eine Kultur im Sinne von Tradition und geistigem Bildungsgut gemeint, sondern die Schaffung eines Lebensraums, eines sozialen Treffpunkts und die kulturelle und soziale Orientierung in einer Gruppe durch die Jugendlichen selbst. Obwohl das Bildungssystem als Werte- und Kulturvermittler ein wichtiger Bezugspunkt bleibt, sind Jugendkulturen eher freizeitbezogen, vermitteln Stile und Lebensweisen und stellen eine Lebens- und Handlungspraxis dar (vgl. Baake 2007, S. 143ff.). Kultur meint in diesem Fall eine Schaffung von Stilen über Medien. Merkmale von Jugendkulturen sind Selbstbehauptung und Autonomie in Gleichaltrigengruppen (vgl. Ferchhoff, 2007, S. 61). Somit schaffen Jugendkulturen einerseits eine Lebenswelt, in der eine Abgrenzung von Bildungseinrichtungen und Erwachsenen stattfinden kann. Andererseits dienen Jugendkulturen auch zur Stärkung eines Gemeinschaftsgefühls unter den Jugendlichen.

Übereinstimmend in der Literatur wird der Anfang einer Jugendkultur in Deutschland in das Kaiserreich gesetzt, in dem die Vorstellung einer jugendkulturellen Bewegung erstmals im „Wandervogel" zum Ausdruck kam, einer Gemeinschaft bürgerlicher Heranwachsender, die das Ziel hatte, gemeinsam die Natur zu erkunden. Hierbei wurde erstmals der Impuls für Jugendbewegungen gesetzt und die Jugendzeit als ein eigenständiger Lebensabschnitt angesehen. Zunächst entstanden neben dem Bildungssystem weitere außerschulische und jugendspezifische Angebote, welche die Funktion eines wichtigen Bezugs- und Orientierungspunkts für die Vermittlung traditionellen kulturellen Wissens darstellten. Das Aufkommen medialer Unterhaltungsangebote seit den 1920er Jahren begünstigte weiterhin die Entstehung einer jugendlichen Populärkultur, die sich von Amerika aus nach Europa ausbreitete. Musik, Mode, Stars und Körperkultur bestimmten fortan das Freizeitverhalten Jugendlicher und Lebensfreude wurde zum Leitbild der Jugendkultur (vgl. Ferchhoff 2007, S. 50ff.). Im Zuge einsetzenden Wohlstands in der Bundesrepublik seit den 1950er Jahren entstand in Anlehnung an das amerikanische Leitbild des „Rock´n Roll – Teenagers" zunehmend ein Markt für Jugendliche, der sich durch billigere Kleidung und Kosmetika auszeichnete (vgl. Baake 2007, S. 11). So konnten sich junge Menschen von ihrem Taschengeld verschiedene Produkte leisten und sich in einem bestimmten Stil kleiden, woraufhin das gesellschaftlich produzierte Bild eines Teenagers entstand. Hier wird der Charakter von Jugendkultur als freizeitbezogene Absetzbewegung gegenüber den Erwachsenen auf kultureller Ebene deutlich (ebd., S. 145).

Die Bildungsexpansion und die Zunahme von frei verfügbarer Zeit führten in den 60er Jahren des 20. Jahrhunderts zu einer Ausweitung von Jugendkulturen. Diese differenzierten sich immer weiter aus und es erfolgte zunehmend eine Pluralisierung von Jugendkulturen. Im Bereich der Jugendkulturen lassen sich deshalb Veränderungen im Laufe der Jahrzehnte feststellen. So ist beispielsweise der Anteil der in Sportvereinen organisierten Jugendlichen gestiegen, während der Anteil an konventionellen oder politischen Jugendverbänden gesunken ist. Verstärkt sind Jugendliche Mitglied einer Clique, was unter anderem daran liegt, dass soziale Netzwerke und Freundschaften unter Gleichaltrigen früher an persönlicher Wichtigkeit gewinnen und Treffpunkte für Jugendliche immer besser ausgestattet sind (vgl. Baake 2007, S. 17).

Als entscheidend für Jugendkulturen sind die Gruppenzugehörigkeit und das Erleben einer gemeinsamen Handlungspraxis. Szenen dagegen sind bestimmt durch eine überschaubare, aber lose Zusammengehörigkeit und stellen in ihrem Ausdruck und ihrer Lebensweise häufig eine intensivere Absetzbewegung gegenüber der Gesellschaft dar. Zudem beziehen sie sich häufig auf bestimmte gesellschaftliche Ereignisse und Hintergründe (vgl. Baake 2007, S. 169f.). So gibt es zahlreiche Szenen, die ihre speziellen Gesinnungen, Symbole und Anschauungen zum Ausdruck bringen, sich dadurch deutlich von den Erwachsenen unterscheiden und sich gegenüber anderen Szenen abgrenzen. Manche Jugendliche wechseln eine Szene mehrmals, andere sind nie Mitglied irgendeiner Szene. Gemeinsam ist allen Szenen jedoch der Wunsch nach Gemeinschaft, sozialer Verortung und Netzwerken. Zum Teil werden Geschmacksübertretungen, die Erfindung neuer Stile und Provokationen dazu genutzt, die Erwachsenen zu schockieren. Das jugendkulturelle Exklusivitätsverhalten gegenüber der Lebenswelt der Erwachsenen ist dabei mittlerweile gesellschaftlich anerkannt und legitimiert, so dass eine Veralltäglichung und damit eine Entdramatisierung stattfand (vgl. Ferchhoff 2007, S. 54,60).

Zwar orientiert sich ein Großteil der Jugendlichen an den durch Familie und Schule vorgegebenen Orientierungsmustern. Dennoch suchen einige nach jugendkulturellen Ausdrucksmöglichkeiten, welche die Schranken des sozialen Herkunftsmilieus überschreiten und eine Orientierung in einem herkunftsneutralen Angebot erlauben (vgl. Baake 2007, S. 45). Jugendkulturen erfüllen damit zweierlei Funktionen: Einerseits stellen sie spezifische Formen der Organisation sozialer Kontakte dar, welche eine eigene soziale Kontrolle ausüben; andererseits meint Jugendkultur die Normen, Werte, Vorstellungen und daraus resultierenden Verhaltensweisen, die sich von denen der Erwachsenen systematisch unterscheiden (vgl. Reinhold et al. 2000, S. 320). Baake geht in seiner Definition noch einen Schritt weiter und bezeichnet Jugendkulturen als Teile einer Population, „die für das Jugend-Selbst-Verständnis einer bestimmten Epoche oder eines ungefähr angebbaren Zeitraums Leitbilder setzen und auch von den Erwachsenen und „Erziehungsberechtigten" als diejenigen wahrgenommen werden, die aufgrund ihrer scharf konturierten Eigenarten mit oft herausforderndem Charakter für die ältere Generation in besonderer Weise Irritationen darstellen." (2007, S. 227). Folglich setzen sich Jugendkulturen in verschiedenster Weise mit der älteren Generation auseinander und positionieren sich damit innerhalb der Gesellschaft.

Im Zuge der Individualisierungs-, Subjektivierungs- und Pluralisierungstendenzen verlieren Jugendkulturen ihren bindenden Charakter (vgl. Hitzler 2001, S. 13). Die vielfältigen Möglichkeiten der Freizeitgestaltung und wählbaren Erlebniswelten führen in einer komplexer werdenden Welt jedoch dazu, dass das Bedürfnis nach Orientierung in Sozialisationsagenturen besteht. Die Orientierung wird in unverbindlichen „posttraditionalen Vergemeinschaftungsformen" gefunden, deren Wähl- und Abwähloptionen geringe Kosten verursachen (vgl. ebd., S.15). Dies hat zur Folge, dass eher partielle Mitgliedschaften bevorzugt werden, deren Ziel es ist, die eigene Subjektivität in gegenüber anderen Lebensbereichen autonomen freizeitlichen Sozialräumen zu erleben. Dies entspricht dem Bedürfnis nach einem überschaubaren Netzwerk. Damit entwickeln sich Jugendkulturen äquivalent zur Gesellschaft, das heißt, individualisierte und pluralisierte Lebensformen finden sich in der Entwicklung der Jugendkulturen wieder.

Doch die Gesellschaft beeinflusst nicht nur die Jugend. Vor allem in den letzten Jahrzehnten findet auch eine retroaktive Sozialisation statt (vgl. ebd., S. 246). Das bedeutet, dass die Stilisierung der Jugendphase und die positive Konnotation mit dem Merkmal „jugendlich sein" dazu führt, dass auch Eltern die Stile ihrer jugendlichen Kinder annehmen und sich auf deren Habitus einlassen. Gesellschaftlich heißt das weiterhin, dass auch Erwachsene sich an den Merkmalen der Lebensphase Jugend orientieren. Die Entstehung von

Jugendkulturen wurde nicht nur durch eine wachsende Optionsvielfalt im Sinne von einer Pluralisierung von Lebensformen begünstigt, sondern die Experimentierfreude Jugendlicher hinsichtlich neuer Stile und Lebensweisen sowie die Kritik an bestehenden Normen haben auch zu einer Toleranz und Vielfalt an Lebensweisen geführt. Die Jugend hat somit eine gesellschaftliche Vorreiterfunktion (vgl. Schröder 1998, S. 27). Auch das Meistern der Anforderungen an den Umgang mit Unsicherheiten wird nun auch für andere Lebensphasen wichtig. Hurrelmann/Quenzel sprechen sogar von einer Juvenilisierung der Erwachsenenwelt (vgl. 2012, S. 51). Das heißt, dass die Orientierung am Lebensmuster der Jugendlichen zunehmend wichtig für die Erwachsenen wird und somit einen wichtigen Einfluss auf gesamtgesellschaftliche Lebens- und Verhaltensweisen ausübt.

2.3. Jugend in der Gesellschaft

Shelsky bezeichnete die Jugend als eine Lebensphase zwischen „nicht mehr" und „noch nicht" (1958, S. 16ff.) und hob damit den Charakter der Jugend als Übergangsphase in den Vordergrund. Die Eigenqualität der Jugendphase steht dem jedoch gegenüber. Hier zeigen sich zwei verschiedene Perspektiven, auf die insbesondere Reinders (2003) eingegangen ist: Die Perspektive der Jugend als Transition und als Moratorium. Das Transitionskonzept hebt den Charakter der Jugend als Zwischenposition hervor. Betont wird hierbei auf entwicklungspsychologischer Basis der ziel- und zukunftsorientierte Erwerb von Kompetenzen der Erwachsenen. Jugend bedeutet hier also eine „Zukunftsorientierung an den Standards der Erwachsenengeneration" (Reinders 2003, S. 24). Dem steht das Konzept der Jugend als Moratorium, einer Verweilzeit, gegenüber. Aus der Autonomie der Jugendlichen und der daraus folgenden Abgrenzung zur Erwachsenenwelt ergibt sich ein Schonraum, in dem Heranwachsende sich von der älteren Generation segregieren können. Jugend als Moratorium hebt demzufolge die Eigenheit der Phase Jugend hervor, bei der Abgrenzung zur älteren Generation, Ausprobieren und dem Finden eigener Werte und Ideale im Vordergrund stehen, und bezieht sich somit auf eine eher gegenwartsorientierte Sichtweise (vgl. ebd., S. 27). Reinders kritisiert die Gegenüberstellung dieser beiden Theoriekonzepte dahingehend, dass beides – Zukunftsorientierung und Autonomiegedanke – sich in der Jugendphase nicht ausschließen. Nach ihm entscheiden sich Jugendliche individuell zwischen Transition und Moratorium und verknüpfen beide Leitgedanken nach individuellen Vorstellungen und gegebenen Bedingungen. Aus der Kombination beider Entwicklungsmöglichkeiten und Orientierungen lassen sich zwei Dimensionen ableiten: das Zeitbewusstsein und die generationale Orientierung. Je nach Bedürfnissen und Wertorientierungen wird die Jugend eher als Übergangsphase oder als Schonfrist gesehen. Familie und Schule wirken auf verstärkte Zukunftsorientierung, die auch einen sozialen Druck ausüben können. Dagegen dienen Gleichaltrige als Ressource für gegenwartsorientierte Entfaltung. Der Jugendliche ist demzufolge ein Akteur, der nicht nur seine Biographie plant, sondern auch diesen Lebensabschnitt ausdehnen möchte. Folglich entsteht sowohl ein assimilatives als auch ein segregatives Generationenverhältnis gegenüber den Erwachsenen (vgl. ebd., S. 41f.), weshalb die Jugend eine Sonderstellung in der Gesellschaft einnimmt. Jedoch müssen sich Jugendliche auf dem Weg ins Erwachsenenalter heute mehr denn je mit ernsthaften Problemen beschäftigen. Der gesellschaftlich geschaffene Schonraum fällt durch Ausbildungsplatzsuche, Trennung der Eltern oder schulischen Leistungsdruck immer mehr auseinander (vgl. Münchmeier, 1998, S. 7). Jugend ist damit einerseits eine biographische Lebensphase der Entwicklung und des Lernens, andererseits ist sie aber auch eine gesellschaftlich bestimmte Lebenslage.

Eisenstadt ging davon aus, dass bei Jugendlichen der Kontrast zwischen der emotionalen Zuneigung der Sozialisationsinstanz Familie auf der einen Seite und den leistungsbezogenen, neutralen gesellschaftlichen Prinzipien in den übrigen gesellschaftlichen Bereichen auf der anderen, dazu führt, dass Jugendliche vorzugsweise den Kontakt zu Gleichaltrigen suchen, um die vorhandenen Identitätsprobleme zu bewältigen. Diese Kollektivorientierung und Identifikation mit altershomogenen Gruppen erschwert jedoch, aufgrund der Disharmonie mit den bestehenden Werten der Erwachsenen, die Integration in das soziale System und steht diesem deshalb gegenüber (vgl. Eisenstadt 1966, S.43, 245). Das Peer Group Verhalten Jugendlicher reicht dabei von Cliquenbildung über Subkulturbildung bis hin zur Bildung von Protestgruppen. Hier wird das Potenzial der Jugend als Motor eines sozialen Wandels deutlich: Die Jugendkulturen drücken nicht nur die innere Realität der Jugendlichen aus, sondern erfüllen als Gegenposition zur Erwachsenenwelt durch das besondere Gespür für gesellschaftliche Missstände auch gesellschaftliche Funktionen. Die Figur der Jugendbewegung stellt deshalb insofern ein zentrales Merkmal dar, dass sie „ein entfaltete(s) Autonomiebedürfnis der jungen Generation, der Kampf um das Recht der eigenen Lebensgestaltung, der Entwicklung der eigenen Kräfte, der Findung eines eigenen Lebensplanes und der selbstständigen Einarbeitung in eine kulturelle Traditionen darstellt" (Fend, 1988, S. 190f.). Damit stellt die Jugendbewegung bzw. Jugendkultur ein Leitbild dar, welches das Jugendmoratorium als Gegenentwurf zum gesellschaftlichen Normalentwurf darstellt (vgl. Fend, 1988, S. 191).

Dieses Leitbild des gesellschaftlichen Gegenentwurfs ist aber auch ein Ergebnis der gesellschaftlichen Beobachtung und wird nicht selten vorschnell pauschalisiert. Im Spiegel der Gesellschaft und der Medienöffentlichkeit wird die Jugend oft allzu schnell mit Generationenbegriffen, z.B. „Generation Golf", „Generation Internet" usw. belegt und mit pauschalisierten Eigenschaften wie „skeptisch", „politisch", „egoistisch" etikettiert (vgl. Ferchhoff 2007, S. 114ff.). Doch das Versehen der Jugend mit Etikettierungen und Jugendbildern erfüllt eine gesellschaftliche Funktion. Jugendbilder entstehen als „Beschäftigungs- und Hinwendungsversuche der Erwachsenen an die Jugend" (vgl. Hafenegger 1995, S. 62). Sie sind als eine Antwort auf die Differenziertheit und Vielfalt von Jugend insofern, dass sie ein „Orientierungsangebot in der Strukturierung von Biographien und für das Verstehen von Realität" (ebd., S. 63) darstellen. Zudem erinnern sie an die Differenz zwischen Jugend und Erwachsenen und prägen dadurch auch den Beziehungsmodus der Generationen. Die von den Erwachsenen entworfenen Jugendbilder korrespondieren aber auch mit deren Selbststilisierungen, dem Selbstverständnis und den Ansprüchen der Jugendlichen. Der Wechselwirkungscharakter wird hierbei dadurch verdeutlicht, dass ein wissenschaftlich produziertes Bild von Jugend aber auch deren Verhalten beeinflusst (vgl. Abels 1993, S. 18).

Zusammengefasst stehen jugendtypische Verhaltensmuster mit der Gesellschaft insofern in Verbindung, als die Jugend als nachrückende Generation sowohl gesellschaftlichen Wandel beeinflusst als auch in Abhängigkeit von der Gesellschaft bestimmte Werte, Normen und Verhaltensmuster entwickelt. Dies lässt sich durch das „Badewannenmodell" von Coleman erklären. Ein gesellschaftliches Makrophänomen wirkt auf die Akteure, in dem Fall die Jugendlichen, indem es Rahmenbedingungen des Handelns setzt. Die jugendlichen Akteure handeln in einer bestimmten Art und Weise und lösen dadurch wiederum ein gesellschaftliches Phänomen aus (vgl. Coleman 1991, S. 10ff.). Damit ist Jugend auch „eine gesellschaftlich institutionalisierte und intern differenzierte Lebensphase, deren Abgrenzung und Ausdehnung sowie deren Verlauf und Ausprägung wesentlich durch soziale (sozialstrukturelle, ökonomische, politische, kulturelle, rechtliche, institutionelle) Bedingungen und Einflüsse bestimmt ist" (vgl. Scherr 2009, S. 24). Trotz der gesellschaftlichen Anerkennung der Jugendphase und der Jugendkulturen, steht die Jugend also in einem speziellen, wechselseitigen Verhältnis zur Gesellschaft.

Trotz der gesellschaftlichen Anerkennung der Jugendphase und der Jugendkulturen steht die Jugend also in einem speziellen, wechselseitigen Verhältnis zur Gesellschaft. Die Beziehung zwischen der Darstellung eines Gegenpols zur Erwachsenenwelt und Integrationsversuchen, der wechselseitige Einfluss gesellschaftlicher Gegebenheiten als auch der Ausprägung von Jugendkulturen sowie das Nebeneinanderstehen der Sichtweisen der Jugend als Transition und Moratorium erklären das Interesse der Forschung und Gesellschaft an dieser Entwicklungsphase. Der Jugend wird auch deshalb besondere Aufmerksamkeit gewidmet, weil auf sie die Hoffnung auf einen sozialen Wandel projiziert wird. Gerade deswegen erlebte die Kindheits- und Jugendforschung seit der Wendezeit einen enormen Zuwachs. Man glaubte, dass sich die Transformationsprozesse unter Jugendlichen schneller entwickeln würden, da diese schon eher auf gesellschaftliche Veränderungen reagieren können als Kinder, die in ihrer Persönlichkeit jedoch noch nicht so gefestigt sind wie Erwachsene und somit am schnellsten auf Wandlungsprozesse reagieren können (vgl. Merkens 2010, S.379). Darauf bezogen gibt es seitdem zahlreiche Studien, welche anhand der Wertorientierungen der Jugendlichen Veränderungen der Lebenskonzepte aufzeigen. Im folgenden Abschnitt soll deshalb genauer auf die Veränderungen der Wertorientierungen in Auseinandersetzung mit der gesellschaftlichen Umwelt Jugendlicher eingegangen werden.

3. Wertorientierungen im Wandel

Jugendkulturelle Stile sind heute in hohem Maße unübersichtlich, verändern sich ständig oder entwickeln sich weiter. Damit verfolgen sie eine ähnliche Entwicklung, wie sie auch in anderen Lebensphasen und Lebensbereichen sichtbar ist. Pluralismus und Variation sind Stichworte, die nicht nur auf Jugendkulturen zutreffen. Jugendtypische Verhaltensmuster sind unter anderem von gesellschaftlichen Gegebenheiten abhängig. Beispielsweise ist es in einer Gesellschaft, in der aufgrund unsicherer Lebenslagen hohe Anforderungen an Flexibilität bestehen, nicht verwunderlich, dass auch die Jugendlichen flexibler leben, sich wandlungsfähig an verschiedene jugendkulturelle Stile anpassen können und diese ausprobieren möchten. Da Jugendliche die Stärken und Schwächen der Realität besonders sensibel wahrnehmen und als Angehörige einer neuen Generation besonders unvoreingenommen auf die Gesellschaft blicken können, gelten sie in Fragen der Wertorientierung als Trendsetter (vgl. Hurrelmann/Quenzel 2012, S. 202). An den unterschiedlichen Wertorientierungen kann ein kultureller und sozialer Wandel sichtbar werden, welcher eine Jugendgeneration von anderen unterscheiden lässt.

Wie die Reaktion auf gesellschaftliche Gegebenheiten einen Wandel von Wertorientierungen bewirken kann, hat Klages (1984) umfangreich beschrieben. Unter dem Begriff versteht er „innere Führungsgrößen des menschlichen Tun und Lassens, die überall dort wirksam werden, wo nicht biologische „Triebe", Zwänge oder „rationale" Nutzenerwägungen den Ausschlag geben." (ebd., S. 9). Dabei grenzt er insbesondere Werte von dem Begriff der Bedürfnisse und Handlungsorientierungen ab: „Es ist davon auszugehen, dass „Werte" den Charakter „innerer Dispositionen" haben und daß „Bedürfnisse" (oder „Aspirationen") die in konkreten situationsbezogenen Handlungszusammenhängen wirksam werdenden, gewöhnlich mit Wünschen, Zielen und Absichten, wie auch mit Überlegungen über Erreichbares und Realisierbares verbundenen „Handlungsorientierungen" sind.". Gemeint ist damit, dass Werte zwar beständig vorhanden sind, unter der Herausforderung der Anpassung an äußere Situationen aber wechselnden Aktualisierungsniveaus unterliegen, also nicht allgegenwärtig sind. Werte sind des Weiteren innere Wertungs-, Bevorzugungs- und Motivationspotenziale, während Bedürfnisse die auf der Handlungsebene aktualisierten Werte darstellen (1984, S. 12). Der Verweis auf die Anpassung der Bedürfnisse an äußere Umstände zeigt den Zusammenhang zwischen der Bildung einer Jugendgestalt im Hinblick auf gesellschaftliche vorgefundene Vorgaben auf. Dabei kommen Werte in allen Lebensbereichen zum Tragen, sowohl in der politischen Kultur als auch in Bereichen der Technik, Arbeit und Freizeit und im Umgang mit Mitmenschen und der Gesellschaft (vgl. Klages et al. 1992).

Dies wird im Hinblick auf die Entwicklung der Werte deutlich. Die Veränderung des Wertesystems in der BRD im 20. Jahrhundert ist ebenfalls durch die Modernisierung bedingt. Eine zunehmende Säkularisierung, durch die ein einheitliches, vorgegebenes Wertsystem zerbrach, und die damit verbundene einsetzende Individualisierung bewirkten, dass in der ersten Hälfte des 20. Jahrhunderts traditionelle Werte wie Disziplin und Pflichterfüllung vorerst an Bedeutung gewannen. Die Turbulenzen und Belastungen der industriellen Entwicklungen brachten tiefgreifende Veränderungen bis in den Lebensalltag mit sich, weshalb das Verfolgen dieser traditionellen Werte Stabilität und Durchhaltevermögen bewirkte. Unter anderem durch den einsetzenden technischen Fortschritt, welcher innovatives Denken notwendig machte, entstand eine zunehmende Auflockerung der traditionellen Werte, was zu einem Wertwandel führte (vgl. Klages 1984, S. 14).

Dazu lässt sich Ingleharts Wertwandlungstheorie anführen, welcher zufolge in den 1970er Jahren ein Wertewandel von materialistischen zu postmaterialistischen Werten in westlichen Demokratien stattfand. Klages kritisiert dieses Konzept unter anderem jedoch aufgrund der von Inglehart formulierten Unumkehrbarkeit des Wertewandels (vgl. Klages et al. 1992, S. 21f.). Er betont die Kombinierbarkeit beider Werttypen und stellt lediglich das Vorhandensein von Pflicht- und Akzeptanzwerten auf der einen Seite, sowie Selbstentfaltungswerten auf der anderen Seite fest. Nach ihm fand dabei ein Wertewandel seit den 1960er Jahren dahingehend statt, dass erstere sinken, während eine Zunahme an Selbstentfaltungswerten festzustellen ist (vgl. Klages 1984, S. 25). Wichtig ist jedoch, dass im Gegensatz zu Inglehardts These des Wertwandels beide Arten von Werten – in unterschiedlicher Ausprägung - innerhalb des Subjekts dichotom vorhanden sein können und es meist auch sind. Beide Werttypen erfüllen eine Funktion für die Vermittlung zwischen der eigenen Persönlichkeit und dessen Beziehung zur Gesellschaft. Pflicht- und Akzeptanzwerte bringen eine Verbindung zwischen gesellschaftlichen Anforderungen und dem Selbstkonzept der Menschen dadurch zu Stande, dass sie die Menschen zur persönlichen Identifizierung mit Tugenden veranlassen, welche sozialintegrative Wirkungen haben (vgl. Klages 1984, S. 26f.). So sind diese Werthaltungen beispielsweise erforderlich für das erfolgreiche Standhalten im Arbeitsleben. Dagegen entwickeln Menschen mit ausgeprägten Selbstentfaltungswerten, zu denen individualistische, idealistische und hedonistische Werthaltungen zählen, unter anderem günstige Entstehungsbedingungen für ein Ideal der Emanzipation von Autoritäten und für eine Option zugunsten politischer Forderungen (vgl. ebd., S. 27). Insgesamt haben die Pflicht- und Akzeptanzwerte jedoch an Legitimität und Verbindlichkeit eingebüßt und sind bei den Menschen besonders vorhanden, welche diese aus individuellen Präferenzen heraus vorweisen. Träger des Wertewandels sind nach Klages vor allem die jungen Gebildeten. Die Merkmale hohes Bildungsniveau und Jugend korrelieren am stärksten mit einem hohen Maß an Selbstentfaltungswerten und weisen den stärksten Rückgang von konventioneller Leistungsethik auf (vgl. ebd., S. 41). Da mit der Übernahme der Elternrolle jedoch das Verantwortungsbewusstsein steigt, erhöht sich der Anteil der Pflichtwerte wieder, was diesbezüglich eher für einen Lebenszykluseffekt als einen Generationeneffekt spricht. Festzuhalten ist, dass es, trotz individueller Unterschiede und zahlreicher Nuancierungen der Werte, auf der Makroebene zu unterschiedlichen Wünschen, Ansprüchen und Zufriedenheitswerten kommt, je nachdem, ob Pflicht- und Akzeptanzwerte bzw. Selbstentfaltungswerte im Vordergrund stehen. Es zeigt sich, dass mit dem vorrangigen Vorhandensein von Pflicht- und Akzeptanzwerten tendenziell eine deutliche und verhältnismäßig hohe Zufriedenheitsdisposition sowie eine verhältnismäßig gute Bewertung von Umweltangeboten verbunden ist, während mit hoch ausgeprägten Selbstentfaltungswerten eine gedämpfte Zufriedenheitsdisposition und eine eher negative Bewertung der Umweltangebote und Umweltleistungen verbunden sind (Klages 1984, S. 51).

Der Prozess des Wertwandels von Pflicht- und Akzeptanzwerten hin zu Selbstentfaltungswerten gilt seit den 1970er Jahren als abgeschlossen. Die damalige Polarität und Wertgegensätze zwischen der älteren und jüngeren Generation sind heute nicht mehr vorhanden. Stattdessen existiert nun eine Bevölkerungsmajorität, welche beide Wertgruppen persönlichkeitsintern in sich vereint und zum Ausgleich bringt. Klages bezeichnet dies als „Internalisierung von Polaritäten", da die Jugendlichen eine innere Ambivalenz zwischen dem Wunsch nach Selbstentfaltung und dem Zwang zur Anpassung in einer Leistungsgesellschaft verspüren. Dies führt zu einem psychischen Innendruck, der folglich zu einem Ausgleichsversuch zwischen inneren Bedürfnissen nach

Selbstentfaltung und dem Zwang zur Entwicklung von Pflicht- und Akzeptanzwerten führt. Diese innere Spannung bewirkt, dass heute hauptsächlich beide Wertgruppen nebeneinander existieren, wobei die Extrempole – extremes Protestverhalten auf der einen Seite und übertriebener Gehorsam auf der anderen Seite - gesellschaftlich abgelehnt werden. Der Zwang zur inneren Spannungsauflösung bringt mit sich, dass die Majorität eine bestimmte Bewusstseinslage entwickelt, welche sich an den gegebenen gesellschaftlichen Umständen orientiert. Da die Werte wie oben beschrieben gegenüber den aktuellen Bedürfnissen variabel sind, bedeutet dies also, dass je nach gesellschaftlichen Umständen zwischen Selbstentfaltungs- und Pflichtwerten gewechselt wird. Herrscht beispielsweise eine schlechte wirtschaftliche Lage vor, so drängen sich die Pflichtwerte in den Vordergrund, während die Selbstentfaltungswerte bei dem Bedürfnis nach gesellschaftlichen Protesten in Umweltpolitikfragen eher von Bedeutung sind. Die ständige Anpassung bewirkt, dass sich eine Fähigkeit zur „psychischen Mobilität" herausgebildet hat, welche bewirkt, dass ein „Sowohl-als-auch" beider Wertorientierungen existiert und sich eine „Sphärentrennung der Wertbezüge" herausbildet, man also in verschiedenen Lebensbereichen unterschiedliche Werte aktivieren kann (vgl. Klages 1984, S.132ff.). Hierauf lässt sich auch das Konzept des Jugendlichen als „Egotaktiker" anwenden. Dabei mischen sich ein starker Individualbezug und ein an äußere Umstände ausgerichtetes Verhalten, das durch verstärkte Kosten-Nutzen-Abwägung gekennzeichnet ist (vgl. Hurrelmann/Quenzel 2012, S. 53). Der Jugendliche als realitätsverarbeitendes Subjekt ist demnach unterschiedlichen Anforderungen ausgesetzt und muss flexibel und situationsbezogen reagieren, wodurch entsprechende Wertorientierungen in den Vordergrund treten.

Insgesamt ist festzuhalten, dass seit dem Wertwandlungsschub der 1960/70er Jahre die Werte „in einer Art von unentschiedener Schwebelage" verharren, „die von heftigen Wertschwankungen begleitet ist." (Klages 1988, S. 115). Das verweist auf die Wichtigkeit der Unterscheidung zwischen einem Wertwandel und dem zahlreichen Auftreten von Wertschwankungen. Diese kommen dadurch zu Stande, dass die Koexistenz von Selbstentfaltungswerten und Pflicht- und Akzeptanzwerten an situative Einflüsse angepasst werden. Ebenso wie der Wertwandel der 1970er Jahre gesellschaftliche Folgen für sämtliche Lebensbereiche wie Arbeitsalltag und Familiengründung mit sich brachte, hat die heute vorhandene Flexibilität von Wertbezügen Folgen für die Mentalität der

Bevölkerungsmajorität. Möchte man nun der Frage nachgehen, welche Wertvorstellungen aus makrosoziologischer Perspektive eine bestimmte Jugendgestalt besitzt, so ist auch zu beachten, dass sowohl Periodeneffekte als auch Lebenszykluseffekte die Ursache für wechselnde Aktualisierungsniveaus von Werten sein können. Während man bei ersterem davon ausgeht, dass historische Ereignisse die Wertvorstellung einer Jugendkohorte prägt, bezieht sich letzteres auf die sich mit zunehmendem Alter verändernden Wertorientierungen, so wie beispielsweise bei älteren Jugendlichen die Familienorientierung zunimmt.

Wie sich innerhalb des Subjekts Werte ausprägen und entwickeln, darüber entscheiden die Sozialisation sowie „kritische Lebensereignisse", aber auch Institutionen und Organisationen (vgl. Klages 1993, S. 19). Da Sozialisationsinstanzen im Wesentlichen zum Prozess der Persönlichkeitsentwicklung im Jugendalter beitragen, üben diese auch einen großen Einfluss auf die Wertorientierung aus. Vor allem die bereits genannten Peer Groups, aber auch Familienmitglieder sowie Institutionen und Organisationen wie Schulen oder Vereine ermöglichen es den Jugendlichen, verschiedene Rollen auszuprobieren, sich so mit den eigenen Fähigkeiten und der Umwelt auseinanderzusetzen, und können dadurch die Wertorientierungen prägen (vgl. Hurrelmann/Quenzel 2012, S. 90ff., 202). „Kritische Lebensereignisse" wie Berufseintritt, Heirat oder Geburt des ersten Kindes haben eine besonders wertedynamische Bedeutung dahingehend, dass diese in der Regel Pflicht- und Akzeptanzwerte (re-)aktivieren und sich insofern eine situative Anpassung zeigt. Besonders für Jugendliche, die sich in einer Vielzahl sozialer Handlungsfelder ausprobieren können, ergeben sich deshalb zahlreiche Möglichkeiten der Werteentwicklung. Diese hängt davon ab, inwieweit die Handlungsfelder eine „Verwirklichung der Selbstentfaltungsleitbilder im Wege aktiver und verantwortlicher Betätigung begünstigen und Erfolgserlebnisse zu vermitteln vermögen" (vgl. Klages 1993, S.38). Das bedeutet, dass die Entstehung einer erstrebenswerten Wertsynthese zwischen Pflicht- und Akzeptanzwerten sowie Selbstentfaltungswerten vor allem dann zu Stande kommt, wenn Sozialisationsinstanzen die Möglichkeit zur Selbstentfaltung sowie zur Eigeninitiative bieten, aber auch das Verantwortungsbewusstsein fördern.

Aber nicht nur die soziokulturellen Rahmenbedingungen des Aufwachsens haben einen Einfluss auf die Werteentwicklung der Jugendlichen. Um die Wechselwirkung zwischen gesellschaftlichen Rahmenbedingungen und der Werteentwicklung zu durchleuchten, müssen sowohl mikro- als auch makrotheoretische Überlegungen einbezogen werden. Während makrosoziologisch von gesellschaftlichen Veränderungen und damit verbundenen Veränderungen bezüglich der Einstellungen und des Verhaltens auf der Individualebene ausgegangen wird, heben Mikrotheorien die durch gesellschaftlichen Wandel entstehenden Veränderungen in den sozialen Beziehungen in Schule und Familie hervor. Zur Klärung der Frage, wie ein gesellschaftlicher Wertewandel bis zum Individuum vordringen kann, müssen also sowohl institutionelle Gegebenheiten als auch individuelle Wege der Adaption beachtet werden. Hofer et al. schlagen hierzu einen deduktiven Ansatz vor, welchem zufolge gesellschaftlicher Wandel und individuelle Auswirkungen als ein Prozess beschrieben werden, bei dem Jugendliche adaptiv auf die von ihnen wahrgenommenen Veränderungen in ihren Umwelten reagieren (vgl. 2005, S. 88ff.). Dabei findet auf der Makroebene ein Wandel statt, welcher auf der zweiten Ebene der Institutionen, in denen Jugendliche ihren lebensweltlichen Alltag beschreiten, zu Veränderungen führt. Dazu gehören insbesondere die Schule, Familie und Gleichaltrigengruppen, aber auch die Konsumwelt und die Medien. Falls die Veränderungen durch die Jugendlichen als bedeutsam empfunden und als relevant wahrgenommen werden, erfolgt eine kognitive Einschätzung der Situation. Entsprechend ihrer individuellen und sozialen Ressourcen erfolgen auf der mikrosozialen Ebene Reaktionen, die zur Anpassung oder Ablehnung führen. Schließlich entstehen Einstellungen und Verhaltensweisen als Ergebnis einer gelungenen oder misslungenen Bewältigung der neuen Anforderungen. Hervorzuheben ist deshalb, dass der Weg von der Gesellschaft zum Individuum indirekt durch die institutionelle Ebene, in der die Jugendlichen ihre Entwicklung durch Anpassungsleistung an äußere Bedingungen optimal gestalten möchten, erfolgt. Ändern sich gesellschaftliche Voraussetzungen, kommt es bei dem Jugendlichen zu einer neuen Situationsdefinition und zur Modifikation vorhandener Ressourcen. Dies kann Veränderungen im Denken sowie eine Umwandlung von Einstellungs- und Verhaltensmustern beinhalten. Ausgehend vom Beispiel der Systemtransformation nach dem Zusammenbruch der DDR kam es so zur Vermittlung von marktorientierten Verhaltensweisen durch die Sozialisationsinstanzen. Die Jugendlichen reagierten in dem Sinne adaptiv, dass der Wert der Leistungsorientierung an Bedeutung gewann.

Wie es aufgrund von Wert- und damit verbundenen Handlungsorientierungen zur Bildung einer Jugendgeneration kommt, soll das folgende Kapitel klären.

4. Von der Generationenlagerung zur Generationengestalt

Vielfach wird Kritik an der Pauschalisierung und Generalisierung von Jugend als homogene Sozialgruppe ausgeübt (vgl. u.a. Ferchhoff, 2007, S. 115). Aufgrund der Individualität des Subjekts sei es schwer möglich, ein Gesamtbild der Jugend abzubilden. Dennoch gibt es sowohl prägende Ereignisse als auch makrosoziale Umstände, welche dazu führen, dass sich spezifische Jugendphänomene herausbilden. Um das Phänomen Jugend weniger subjektzentriert zu beleuchten, sondern eine sozialwissenschaftliche Betrachtungsweise einzunehmen, welche einen Blickwinkel auf das Verhältnis zwischen Jugend und Gesellschaft wirft, sind zur Erklärung generationentheoretische Ansätze geeignet.

Ausgehend von der These, dass erlebte Ereignisse einen Erfahrungshintergrund für eine Alterskohorte bilden können, untersuchte die Langzeitstudie „Children of the Great Depression" (1974) den Einfluss von historischen Umständen auf das persönliche Leben. Es konnte dabei festgestellt werden, dass die Jugendlichen, die die Wirtschaftskrise von 1929 intensiver durch Alltagserfahrungen erleben mussten, sich nachhaltig deutlich in ihren Werthaltungen und Lebenswegen von anderen Heranwachsenden unterschieden. Es wurde über einen langen Zeitraum zwischen einer von der Deprivation betroffenen Gruppe und einer nicht-deprivierten Gruppe verglichen. Erstere war wesentlich früher dazu gezwungen, eine Arbeit aufzunehmen und stufte die Wichtigkeit von Familie als persönlichen Zufluchtsort höher ein als die Gruppe der nicht-deprivierten Jugendlichen. Das Leben unterhalb der Armutsgrenze, das durch den gesellschaftlichen Einfluss ausgelöst wurde, hatte Entscheidungen bewirkt und so die persönliche Lebenswelt geprägt. Es konnte außerdem nachgewiesen werden, dass der Zeitpunkt des Eintreffens im persönlichen Lebenslauf bzw. Entwicklungsstadium, aber auch die persönliche Betroffenheit des Jugendlichen Variablen sind, welche maßgeblich dazu beitragen, ob und wie sich ein historisches Ereignis auf eine bestimmte Person auswirkt (vgl. Elder Jr./Rockwell 1978, S. 80). Allein das gemeinsame Durchleben einer historischen Epoche bildet deshalb aus einer Alterskohorte noch keine Generationsgestalt heraus. Um beides deutlich voneinander abzugrenzen, wird der Generationsbegriff im Folgenden erklärt.

Ein Autor, der sich schon früh mit Jugendsoziologie befasste und in diesem Kontext von Generationenbildung häufig erwähnt wird, ist Karl Mannheim. Dieser studierte die Beziehung zwischen historischen Gegebenheiten und Geburtskohorten. In „Das Problem der Generationen" geht er davon aus, dass der vorgegebene ökonomisch-gesellschaftliche Raum für die nachwachsende Generation von großer Bedeutung ist. Demnach erleben Personen des gleichen Geburtenjahrgangs während der Adoleszenz einen gemeinsamen Bezugsrahmen von historischen Bedingungen, welcher zu ähnlichen Erfahrungen im Denken, Fühlen und Handeln führen kann. Eine Generation bezeichnet er als „Gleichzeitig aufwachsende Individuen", die in den „Jahren der größten Aufnahmebereitschaft, aber auch später, dieselben leitenden Einwirkungen sowohl von Seiten der sie beeindruckenden intellektuellen Kultur als auch von Seiten der gesellschaftlich-politischen Zustände" erfahren. „Sie bilden eine Generation, eine Gleichzeitigkeit, weil diese Wirkungen einheitlich sind." (Mannheim 1964, S. 516). Das bedeutet, dass aufgrund der reflexiven Auseinandersetzung mit der Umwelt, v.a. im Jugendalter, eine schicksalhafte Verbindung zwischen der Geburtskohorte herrscht, die sich einen gemeinsamen gesellschaftlichen Erfahrungshintergrund teilt. Die daraus entstehende Möglichkeit, mit ähnlichem Bewusstseinshorizont an den gleichen Erlebnissen teilzuhaben, bezeichnet er als Generationenlagerung (vgl. ebd. S. 536). Eine Verbundenheit zwischen den Mitgliedern einer Geburtskohorte kommt jedoch erst durch die „Partizipation an den gemeinsamen Schicksalen dieser historisch-sozialen Einheit" (ebd. S. 542) zu Stande, was als Generationenzusammenhang bezeichnet wird. Es ist also die Teilhabe an gemeinsamen, historisch-sozialen Problemen, welche ein „Wir-Gefühl" auslösen kann. Werden die Ereignisse und Erfahrungen in weltanschaulich und politisch kohärenten Gruppen verarbeitet, so spricht Mannheim von Generationeneinheiten (vgl. ebd. S. 544). Zu betonen ist demzufolge, dass nicht nur die objektive Dimension, das heißt, das zeitliche Hineinfallen in einen Geburtenjahrgang, die Zugehörigkeit zu einer Generation bestimmt, sondern dass dafür ein subjektives Zugehörigkeitsgefühl zu einer Gemeinschaft erforderlich ist. Nur dann kommt es zur Ausprägung eines Generationenbewusstseins. Durch gemeinschaftliche Teilhabe an Organisationen, der Kommunikation durch und über Medien sowie einem geteilten Lebensstil kann dieses Bewusstsein sich weiter ausprägen und auch symbolisch zur Geltung gebracht werden, was wiederum auf die Entstehung von und das Ausleben in Jugendkulturen verweist.

Jugend und sozialer Wandel hängen für Mannheim eng miteinander zusammen, nämlich insofern, dass es die Jugend ist, welche sich in der reflexiven Phase intensiv mit den Gegebenheiten der Umwelt auseinandersetzt und gegebene kulturelle, soziale und ökonomische Werte, Normen und Verhaltensmuster entweder übernimmt oder transformiert (Ecarius et al. 2011, S. 33). Indem Jugend traditionell vorgegebenes Kulturgut in Frage stellt, kann sie einen Wandel dadurch bewirken, dass sie ein Bewusstsein für Problemlagen schärft und dadurch das Denken und Handeln der älteren Generation beeinflussen kann. Mannheim spricht hierbei von einer „Kontinuierlichkeit im Generationenwechsel", einer ständigen Transformation sozialer und kultureller Werte, die durch eine Wechselbeziehung zwischen Jung und Alt ausgelöst wird (Mannheim 1964, S. 541).

Darauf aufbauend greift Helmut Fend das Thema Generation in der „Sozialgeschichte des Aufwachsens" (1988) auf und bezieht sich auf Mannheims Definitionen. Er nimmt gesellschaftliche Bedingungen des Aufwachsens unter die Lupe und bringt die Veränderung der Lebensverhältnisse mit Veränderungen der Mentalitäten und Persönlichkeitsstrukturen in Verbindung. Des Weiteren geht er der Frage der sozialen Reproduktion von Jugend nach und sieht die Entstehung eines jugendlichen Habitus, das heißt der Art sich zu verhalten, als funktional an, da dieser nicht nur in seiner Ausprägung, sondern auch in seiner Entstehungsgeschichte betrachtet werden muss (vgl. ebd., S. 39). Ausgehend von Max Webers modernem okzidentalem Rationalismus, welcher dazu führte, dass in der modernen Gesellschaft Methodisierung, Berechenbarkeit und Disziplinierung charakteristische Elemente der Lebensführung sind, gelangt Fend zu der These, dass die Spannungsverhältnisse zwischen Werten wie Brüderlichkeit, Humanität, Freiheit und allgemeinen Sinnbedürfnissen einerseits und dem dominant vorherrschenden rationalistischen Normalentwurf andererseits zu gesellschaftlichen Gegenentwürfen führen (vgl. ebd., S. 48, 51). Die Jugend hat aufgrund ihrer Charakteristik als Phase der Grenzüberschreitungen besonderen Anteil an kulturellen Strömungen und partizipiert gesellschaftlich in besonderer Weise (vgl. ebd., S. 54). So ist beispielsweise die Studentenbewegung der 1960er als ein Gegenentwurf zum zu dieser Zeit bestehenden Gesellschaftssystem zu sehen.

Bezogen auf Mannheims Generationenlagerung geht Fend davon aus, dass ein bestimmter sozialhistorischer Prozess oder eine Veränderung der gesellschaftlichen Umstände Möglichkeitsräume für individuelles Handeln und Denken neuer Generationen darstellen (vgl. ebd., S. 167). In Verbindung mit Max Webers Aussagen zum okzidentalen Rationalismus betont Fend, dass Generationengestalten nur auf dem Hintergrund der dominanten Kulturgenese sowie der gesellschaftlichen Entwicklung verstehbar sind und sich auf diese beziehen. Die Herausbildung einer Generationengestalt bedeutet eine „besondere Erscheinungsform von Heranwachsenden", „die in einem definierten Zeitraum geboren sind" (ebd., S. 178f.). Anlehnend an Mannheim, der äquivalent von einem Generationenzusammenhang sprach, sind für eine Generationengestalt zwei Merkmale konstitutiv: erstens die Zugehörigkeit zu einer bestimmten Alterskohorte und zweitens die Möglichkeit, sich in der sensiblen Jugendphase einen gemeinsamen politischen, ökonomischen und gesellschaftlichen Hintergrund zu teilen, welcher einen inneren Zusammenhang innerhalb der Alterskohorte schaffen kann. Diese ist messbar durch Durchschnittswerte an Einstellungen, Meinungsmustern und Gewohnheiten der Lebensführung und kann als kohortenspezifischer Bewältigungsstil der Generationenlage verstanden werden (vgl. ebd., S. 178). Eine gemeinsame Generationenlagerung bildet deshalb nur eine Voraussetzung für die Bildung einer Jugendgestalt, da die Jugendlichen der Alterskohorte im Sinne der Generationenlagerung die gesellschaftliche Lage nicht gleichermaßen bewerten und beurteilen. Trotzdem kann es aufgrund der Auseinandersetzung mit historisch einmaligen Umweltbedingungen zu einer kollektiven Prägung von Einstellungen und Verhaltensmustern kommen.

Zu beachten ist, dass die soziokulturelle Position des Elternhauses ein wichtiges Kriterium für die Form und das Ausmaß der gesellschaftlichen Teilhabe darstellt. Deshalb ergeben sich nicht nur Stadt-Land-Unterschiede, sondern auch verschiedene Meinungsmuster in Abhängigkeit vom Bildungsstand oder dem soziokulturellen Status der Eltern. Auch können Differenzen in der Bewertung der subjektiven Generationenlage entstehen. Außerdem können in Bezug auf Mannheims Generationseinheiten verschiedene Gruppierungen oder Jugendbewegungen unterschiedliche Antwortmöglichkeiten auf dasselbe sozialhistorische Phänomen darstellen (vgl. ebd., S. 182). Als Beispiel dafür sind unter anderem die Punk- und Rechtsextremismusszene zu benennen, welche in den 1980ern und 90ern einen Höhepunkt ihrer Ausprägung durchlebten und mit entgegengesetzten Einstellungen und Mitteln gegen das gleiche bestehende politische System rebellierten. Blickt man nun auf die verschiedenen Generationsgestalten, welche einen Gegenentwurf zur Gesellschaft darstellen, so lassen sich in der Vergangenheit verschiedene Generationen beschreiben, die sich nach Fend als Gegenentwurf zur Erwachsenenwelt herauskristallisiert haben. Die Jugend der Nachkriegszeit wurde deshalb von Shelsky als „skeptische Generation" bezeichnet, da sie als arbeitende Jugend einen Gegenentwurf dahingehend darstellte, dass sie die „politische Glaubensbereitschaft und idealistische Aktivität" nicht nur in Frage stellte, sondern durch das Streben nach Verhaltenssicherheit und der Sicherung des Privaten zu Nichte machte (Shelsky 1958, S. 85f.). Die Nachfolgegeneration, die politische Generation der 1960er Jahre, stellte dann wiederrum einen Gegenentwurf zur auf eine Verstetigung der Lebensplanungsmöglichkeiten und Verhäuslichung orientierten „skeptischen Generation" dar. Sie war in viel höherem Maße von idealistischen gesellschaftlichen Vorstellungen geprägt und wehrte sich gegen den pragmatischen „Existenzbewältigungsstil" der Elterngeneration (vgl. Fend 1988, S. 211). Die Jugendgestalten sind also ein Konstrukt, welches ein jeweils vorherrschendes - gleichwohl nicht bei allen Jugendlichen einer Generation vorhandenes - Muster beschreibt.

Dabei sind es jedoch nicht einzelne politische oder gesellschaftliche Ereignisse, welche dazu führen, dass sich eine Generationengestalt herausbildet, sondern die Einbettung in alltägliche Lebenswelten und institutionelle Gegebenheiten. Eben diese bewirkt, dass sich eine „Identifikationskristallation" stattfindet (vgl. Fend 1988, S.184, S. 202f.). Das bedeutet, dass bestimmte Wirklichkeitsbereiche und in Folge dessen Themen herausbilden, die den Jugendlichen besonders wichtig sind und die sie untereinander vereint. Dies beeinflusst die Ausformung der alltäglichen Lebenswelt. Als Beispiel dafür kann die Entstehung der 68er Generation angeführt werden. Nicht nur politische Hintergründe, wie der Vietnamkrieg, beeinflussten die Entstehung der neuen Generationengestalt. Vor allem war es die alltägliche Begegnung mit einer wohlstandsorientierten Gesellschaft, in der Stabilität, Harmonie, Kernfamilie und Sicherheit im Vordergrund stehen. In Auseinandersetzung mit den bestehenden Verhältnissen findet eine gegensätzliche Identifikation mit der Entfaltung von Autonomie und Selbstverwirklichung sowie einer gemeinschaftlichen Lebensweise statt, woraufhin eine jugendliche Studentenbewegung entsteht, welche die vorhandenen Vorstellungen hinterfragt und sich sozialpolitisch engagiert.

Zusammenfassend bildet sich eine neue Generationengestalt also dadurch heraus, dass sich ein spezifischer Bewältigungsmechanismus herausbildet, der auf bestehende äußere Verhältnisse reagiert. Es entsteht ein besonderer für diese Zeit angemessener Lebensgestaltungsentwurf, was nach Fend eine Selektionsleistung aus einem größeren Möglichkeitsraum ist. Jedes Individuum wächst in eine Gesellschaft hinein und erlebt eine alltägliche Lebenswelt in Auseinandersetzung mit Personen in seinem Umfeld, sowohl mit Erwachsenen als auch mit Angehörigen der eigenen Generation bzw. mit Peer Groups. In der altersspezifischen und aktiven Bearbeitung dieser epochal spezifischen Problemvorgaben entwickelt sich eine Generationengestalt heraus (vgl. ebd., S. 288, 294). Die durch die Modernisierung entstandenen Lebensverhältnisse, die aus der Zunahme von Optionen der eigenen Lebensgestaltung bestehen, kommen insofern zum Tragen, dass eine Vielzahl von Bewältigungsmöglichkeiten und Gegenentwürfen besteht, wobei diejenige, die in einer Alterskohorte vorrangig vorhanden ist, den inneren Sinnzusammenhang der Generationengestalt darstellt. Da die Jugendlichen Erwartungen an ein erfülltes und glückliches Leben haben, kristallisiert sich ein „generationenspezifischer Erwartungshorizont heraus" (vgl. ebd., S. 297).

Es zeigt sich hier der Zusammenhang zwischen der Generationenbildung und der Wertentwicklung. Ansprüche, die Jugendliche an das eigene Leben und die Gesellschaft haben, spiegeln sich dadurch in der Werteentwicklung wider, dass die Werte entsprechend der Situation aktualisiert werden. Dadurch treten Bedürfnisse in den Vordergrund, die sich in Abgleich mit den eigenen Ressourcen und äußeren Möglichkeiten zu Handlungsorientierungen entwickeln. Werte sind keineswegs in die Wiege gelegt, sondern werden, wie vorangehend ausgeführt, über die institutionelle Ebene vermittelt. Insofern haben Makroentwicklungen indirekte Auswirkungen auf das Individuum. Auf Aggregatebene wird dann erkennbar, welche Werte für eine Generation im Vordergrund stehen. In Verbindung mit der Analyse des Erfahrungs- und Erwartungshintergrunds, den sich die Genrationenlage teilt, lässt sich in Anlehnung an Fend dann wiederrum ableiten, wie diese die epochalen Probleme in einem spezifischen Bewältigungsstil bearbeitet und so eine Generationengestalt bilden.

Im Hinblick auf die Systemtransformation gab es einen solchen historischen Erfahrungshintergrund, der sich bis in die alltäglichen Lebenswelten ausbreitete. Zu erwarten ist deshalb, dass sich die Jugendlichen der Wendezeit einen spezifischen Bewältigungsstil aneigneten, der zu einer Generationengestalt führte. Anhand verschiedener Studien soll deshalb in den folgenden Kapiteln untersucht werden, inwiefern sich die Jugend der Wendezeit von der Jugend der 1990er Jahre sowie der aktuellen Jugend unterscheidet und welche gesellschaftlichen Rahmenbedingungen jeweils vorherrschen.

5. Die Jugend der Wendezeit

Ausgehend von der Tatsache, dass die Jugendlichen der DDR andere Sozialisationserfahrungen erlebten als die westdeutsche Jugend, interessierte sich nicht nur die Jugendforschung nach der Wende besonders für Vergleiche zwischen beiden Bevölkerungsgruppen. Für das Aufwachsen in zwei verschiedenen politischen Systemen wurde erwartet, dass sich dieses in Lebensweisen, Einstellungen und Werten deutlich widerspiegeln musste. Der Jugend als Abbild gesellschaftlichen Erlebens wurde auch deshalb besonderes Interesse beigemessen, weil man davon ausgegangen war, dass aufgrund der Unvoreingenommenheit und der sensiblen Wahrnehmung in der Jugendphase eine Annäherung zwischen Ost und West besonders schnell stattfinden würde.

Um das Phänomen der DDR-Jugend begreifen zu können, muss nachvollzogen werden, in welchem Umfeld die damaligen Heranwachsenden ihre Kindheit verbracht haben. Insbesondere Geißler hat mit Blick auf die Abweichung der DDR von anderen Industriestaaten verschiedene dort vorhandene Modernisierungsdefizite herausgearbeitet. Dazu gehören unter anderem die „Wohlstands- und Produktivitätskluft", die zur Wendezeit zwischen Ost und West herrschte, eine „übermäßige Nivellierung vertikaler Ungleichheiten", welche die Leistungsbereitschaft bremste, ein „deformierter Dienstleistungssektor", welcher eine übermäßige Anzahl von Arbeitern und Bauern hervorbrachte sowie „Erstarrungstendenzen durch die soziale Schließung des Bildungssystems" (2006, S. 365). Besonders diese gesellschaftlichen Rahmenbedingungen standen zu dieser Zeit im Kontrast zur Arbeitsgesellschaft und Leistungsgesellschaft der BRD, in der Bildungsexpansion, Aufwärtsmobilität und Wohlstand Merkmale einer modernisierten Gesellschaft waren (vgl. ebd., S. 362). Es zeigen sich demzufolge zwei völlig verschiedene ökonomische, aber auch politische und gesellschaftliche Umfelder, in denen die Jugendlichen aufgewachsen sind. Die Wiedervereinigung führte zu einer Systemtransformation, in der eine Angleichung und Anpassung des ostdeutschen an das westdeutsche System stattfand. Unter anderem wurden das Institutionengefüge, auch die Rechtskultur, ökonomische sowie die politische Kultur in kurzer Zeit verwestlicht, so dass man wahrlich von einem „Vereinigungsschock" sprechen kann (vgl. Schluchter 2001, S. 12). Über Sozialisationsinstanzen und Institutionen hatten diese tiefgreifenden gesellschaftlichen Veränderungen Auswirkungen bis in das alltägliche Leben der Menschen. Nicht nur die ökonomischen Veränderungen, auch der Umbruch zu einer demokratischen Gesellschaft sowie die Umstellung von einem durch soziale Sicherheiten geprägten System in eine Leistungsgesellschaft schaffen makrosoziale Veränderungen, mit welchen auf individueller Ebene umgegangen werden muss. Besonders für die Jugend ist ein solcher Transformationsschock eine historische Bedingung, mit der sich auseinandergesetzt werden muss und für die jugendspezifische Bewältigungsstile gefunden werden müssen.

Die Auswirkungen des Heranwachsens während dieses prägenden historischen Ereignisses wurden unter anderem in der Sächsischen Längsschnittstudie untersucht. In dieser Panelstudie wurden seit 1987 kontinuierlich ehemalige DDR-Bürger des Geburtenjahrgangs 1973, also Jugendliche der Wendezeit, begleitet und in regelmäßigen Abständen befragt. Somit konnte der politische Mentalitätswandel junger Ostdeutscher beobachtet werden (vgl. Förster et al. 2009, S. 4). Verschiedene Aspekte konnten so über einen langen Zeitraum beleuchtet und deren Entwicklung festgehalten werden. Die folgenden Ausführungen beziehen sich auf diese Studien.

Da für Jugendliche im Sinne der Transition zukunftsbezogenes Denken vorhanden ist, lohnt es sich, der Frage nach der gesellschaftlichen Zukunftszuversicht nachzugehen. Bereits vor der Wende war ein starker Rückgang der politischen Identifikation mit der DDR zu verzeichnen, was auch zu einer kritischen Betrachtung der gesellschaftlichen Zukunft führte. Trotzdem war derzeit noch ein großes Vertrauen in eine gesicherte Zukunft als DDR-Bürger vorhanden (vgl. ebd., S. 6). Die persönliche Zukunftszuversicht war deswegen 1989 vor dem Hintergrund einer Planwirtschaft, welche für alle Jugendlichen einen Ausbildungsbetrieb zur Verfügung stellte, noch in hohem Maße vorhanden (vgl. ebd., S. 7). Es zeigen sich nach der Wende zwei wichtige Entwicklungen. Erstens hat die persönliche Zukunftszuversicht zwischen 1987 und 2007 bei fast der Hälfte der Panelmitglieder abgenommen. Zweitens sank die persönliche Zukunftszuversicht äquivalent zur Bewertung der gesellschaftlichen Zukunftszuversicht (vgl. ebd., S. 8), d.h. mit abnehmender Bewertung der Zukunft der Gesellschaft wurde auch die eigene Zukunft negativer bewertet.

Der hauptsächliche Faktor für den abnehmenden Optimismus hinsichtlich der Zukunftsgestaltung war die plötzliche Konfrontation mit Arbeitslosigkeit. Sichtbar wird dies in der Studie anhand der Zuversicht, die eigenen beruflichen

Pläne verwirklichen zu können: Während 1987 noch fast alle Jugendlichen des Panels an die Erfüllung der beruflichen Vorhaben glaubten, nahm diese Zahl stetig ab und lag bis 2007 nur noch bei einem Viertel (vgl. ebd., S. 9). Damit verbunden haben Existenzängste bis 2007 insgesamt deutlich zugenommen. Förster et al. konnten drei hauptsächliche Arten von Existenzängsten identifizieren: die Angst vor persönlicher Arbeitslosigkeit, vor Verteuerung des Lebens und vor einer persönlichen Notlage (vgl. ebd., S. 27). Deutlich wird sichtbar, dass diese wahrgenommenen Bedrohungen auf ökonomischen Veränderungen beruhen. Das Thema Arbeitslosigkeit, welches im sozialistischen System der DDR kaum vorhanden war, brach schockartig in das Leben der jungen Menschen herein. Die verzweifelte Suche nach einer Lehrstelle, aber auch Einkommensverluste der Eltern wurden zu einem beherrschenden Thema. So war nur etwa ein Viertel der Panelmitglieder bis 2007 niemals arbeitslos und auch die Familienmitglieder waren in erheblichem Maße von Arbeitslosigkeit betroffen (vgl. ebd., S. 30). Ob direkt oder indirekt, die Konsequenzen aus der Arbeitslosigkeit zeigten sich plötzlich im alltäglichen Leben. Finanzielle Einbrüche, Perspektivlosigkeit sowie eine dadurch veränderte Tagesstruktur drangen in das Leben der Jugendlichen ein. Durch die fehlende persönliche Erfahrung mit Arbeitslosigkeit fehlten aber zur Wendezeit noch Bewältigungsstrategien. Auch deshalb hatte die Arbeitslosigkeit deutliche Auswirkungen auf das persönliche Leben: Je länger eine Person des Panels mit Arbeitslosigkeit konfrontiert war, desto niedriger wurde auch die Zufriedenheit mit dem eigenen Leben bewertet (vgl. ebd., S. 32). Dies führt wiederum zu Veränderungen in sozialen Beziehungen zu Bezugspersonen, wie etwa Familienmitgliedern oder Freunden. Außerdem zeigt sich ein weiterer Zusammenhang: Je länger eine Person arbeitslos war, desto geringer war die persönliche, berufliche Zukunftszuversicht (vgl. ebd., S. 35). Es verwundert des Weiteren nicht, dass Personen mit nur geringem beruflichem Optimismus das Gesellschaftssystem kritisieren, welches dieses Problem hervorgebracht hat, was in Folge dessen auf die politische Identifikation wirkt. So stimmen beispielsweise nur 18% der Panelmitglieder, welche schon einmal zwölf Monate oder länger arbeitslos waren, der Aussage zu, mit dem jetzigen politischen System zufrieden zu sein (vgl. ebd., S. 37).

Auch die anfangs hohen Erwartungen an demokratische Mitgestaltung in dem neuen vereinten Deutschland, erwiesen sich für viele Jugendliche des Panels schon früh als Enttäuschung. Schon kurz nach der Wiedervereinigung stellte sich eine Unzufriedenheit mit den Möglichkeiten der Einflussnahme auf die Politik ein (vgl. ebd., S. 38). Nur ein Drittel war bis 2007 von der real existierenden Demokratie überzeugt. Obwohl die Bereitschaft, am politischen Leben teilzunehmen, bereits vor der Wende einen deutlichen Rückgang erlebte, sank diese – nach einem Hoch zur Zeit der Wiedervereinigung– bis 2007 stetig weiter und erlebte insgesamt einen drastischen Einbruch (vgl. ebd., S. 17). Dies verweist nicht nur auf eine skeptische Haltung gegenüber dem System der ehemaligen DDR, sondern auch gegenüber dem der BRD. 2007 zeigte sich eine nochmals leicht zunehmende Tendenz der kritischen Betrachtungsweise gegenüber des Gesellschaftssystems der BRD. Obwohl etwa 80% der Jugendlichen des Panels die Wiedervereinigung deutlich bejahen (vgl. ebd., S. 11), zeigt sich hier die Enttäuschung gegenüber dem plötzlich eintreffenden real existierenden Kapitalismus mit seinen negativen Konsequenzen wie Arbeitslosigkeit.

Zwar äußerten sich die meisten Studienteilnehmer positiv gegenüber den neugewonnenen Rechten und konnten aus der Wiedervereinigung positive berufliche und private Nutzen ziehen (vgl. ebd., S. 44), die negativen Auswirkungen, wie wirtschaftliche Zwänge und die Enttäuschung über mangelnde Mitwirkungsmöglichkeiten während des Transformationsschocks wirkten in einer Zeit der Orientierung und Identitätsfindung jedoch nachhaltig. Der Wandel vom DDR-Bürger zum Bundesbürger hatte Folgen, die das alltägliche Erleben veränderten. Die überwiegend positiv bewerteten persönlichen Erfahrungen bezüglich der Sozialpolitik der DDR trugen außerdem zu einer anhaltenden Identifikation mit sozialistischen Idealen bei (vgl. ebd., S. 25). Dabei wird der Einfluss der Sozialisationsinstanzen deutlich. Das Verhältnis zu Mitmenschen, das Schulsystem sowie die soziale Gerechtigkeit wurden 2007 in den Gebieten der damaligen DDR immer noch deutlich besser bewertet als in denen der damaligen BRD (vgl. ebd., S. 23).

Auch Melzer kommt in einem der ersten gesamtdeutschen Jugendsurveys zu der Erkenntnis, dass zwischen west- und ostdeutschen Jugendlichen ein erheblicher Unterschied hinsichtlich der Bewertung der eigenen Zukunftszuversicht besteht. So gaben 1992 17% der ostdeutschen Jugendlichen an, ihre Zukunft „düster" zu sehen, wohingegen nur 10% der westdeutschen diese Aussage trafen (vgl. 1992, S. 66). Diese Verunsicherung sei ein Hauptcharakteristikum der ostdeutschen Jugendlichen und auf die plötzlichen Veränderungen der unterschiedlichen Sozialisationsinstanzen zurückzuführen. Besonders die Schule hat sich durch die

Anpassung an die BRD aus Sicht der Jugendlichen verändert. Es zeigten sich Differenzen in der Zufriedenheit mit der Schule und den eigenen schulischen Leistungen insofern, dass wesentlich weniger Jugendliche in Ostdeutschland eine positive Einstellung zur Schule äußerten. Systemunterschiede zeigen sich unter anderem auch deshalb, weil es für die ehemaligen DDR-Jugendlichen eine große Herausforderung darstellte, mit dem in einer Leistungsgesellschaft vorhandenen psychischen Leistungsdruck umzugehen (ebd., S. 74f.). Hier wird deutlich, wie tief die Veränderungen von der Makroebene bis in das individuelle Leben hinein reichen und so biographische Veränderungen und unterschiedliche Werthaltungen auslösen können. Dies wird auch sichtbar, wenn man auf das Vertrauen in gesellschaftliche Institutionen schaut. Das Empfinden der Interessenvertretung durch Kirche und Jugendorganisationen ist in Ostdeutschland deutlich schlechter als in Westdeutschland und zudem drastisch gesunken (ebd., S. 103). Obwohl es bereits in den 80er Jahren einen Rückgang des Zuspruchs zur Jugendorganisation der DDR – der Freien Deutschen Jugend – gab, waren doch die meisten Jugendlichen darin organisiert und nutzten die zahlreichen Freizeitangebote. Der Wegfall dieser Möglichkeit bedeutete für Viele einen Verlust von sozialen Beziehungen und Optionen der kostengünstigen Freizeitgestaltung. Die neu entstandenen Jugendverbände konnten das Vertrauen der Jugendlichen nach der Wendezeit nicht mehr gewinnen. Dies gelang kirchlichen Einrichtungen, welche in Westdeutschland jugendkulturelle Angebote verbreiten konnten, ebenso wenig (ebd. S. 104).

Auch in der Shell Jugendstudie von 1992 war es Ziel, mit Hilfe von qualitativen und quantitativen Erhebungsmethoden Aussagen über die Jugend in Ostdeutschland zur Wendezeit zu treffen und dies mit den westdeutschen Jugendlichen zu vergleichen. Darin kommt man zu dem Ergebnis, dass sich die westdeutsche und ostdeutsche Jugend hinsichtlich Bezugspersonen, Freizeitverhalten und Lebensplanung ähnlicher war als anfangs vermutet wurde, und als zwei verschiedene „Variationen" eines gemeinsamen Grundmusters zu verstehen war (vgl. Zinnecker 1992, S. 12). Eine Ursache dafür könnten die allgemeingültigen Entwicklungsaufgaben, die vorausgehend anhand von Hurrelmanns Aussagen beschrieben wurden, und die als konstitutiv für die Jugendzeit gelten, gesehen werden. Da die systemtypischen Einwirkungen jedoch insofern wirkten, dass ostdeutsche Jugendliche eine viel größere Betroffenheit bezüglich den sich verändernden Lebensumständen zur Wendezeit verspürten, nahmen sie die damit verbundenen gesellschaftlichen

Modifikationen anders wahr als die westdeutschen Jugendlichen dies taten. Das persönliche Erleben dieser neuen Erfahrungen war es, was die ostdeutschen Jugendlichen um die Wendezeit zu einer „ausgewiesenen Generationengestalt mit spezifischer Bewusstheit ihrer besonderen Lebenslage" werden ließ (ebd., S. 13). Dies wird am Beispiel Arbeitslosigkeit deutlich: Während nur 8% der westdeutschen Jugendlichen erlebt haben, dass ein Elternteil arbeitslos wurde, haben bereits 24% der ostdeutschen Jugendlichen diese Erfahrung gemacht (vgl. Fischer/Zinnecker 1992, S. 184). Durch narrative Interviews konnte in der Shell-Studie zudem verdeutlicht werden, dass die Wende für viele Jugendliche eine große Veränderung im Familienalltag brachte, welcher für einige Jugendliche als hektischer und stressiger wahrgenommen wurde (vgl. Keiser 1992, S. 300ff.). Auch dies resultierte besonders aus den neuen ökonomischen Herausforderungen. Vor allem Kinder, die nur mit einem Elternteil zusammenlebten, wurden in ihrem Alltagsleben durch finanzielle Sorgen belastet.

Ein großer Unterschied der westdeutschen im Gegensatz zur ostdeutschen Jugend war die Einheitlichkeit der Lebensumwelt, welche als ein Charakteristikum der Lebenswelt der DDR gesehen werden kann. Beispielsweise war die sozialistische Einheitsschule für alle DDR-Bürger verpflichtend. Auch die Freizeiteinrichtungen, welche durch Institutionen gelenkt waren, wurden nach sozialistischen Gesichtspunkten gesteuert. Der staatliche Versuch auf die Erziehung Einfluss zu nehmen, ist jedoch für die Entwicklung der Jugend zur DDR-Zeit deshalb unvollständig, da auch in diesem Gesellschaftssystem die Sozialisationsinstanzen Familie und Gleichaltrigengruppe eine enorme Wichtigkeit besaßen. Hier zeigen sich deshalb bereits um die Wendezeit wenige Unterschiede zur westdeutschen Jugend. Einerseits waren auch die Erziehungsvorstellungen der Eltern in der DDR liberaler und gelockerter als in den Jahrzehnten zuvor. Andererseits stellten auch hier Jugendliche Autoritätsansprüche öfter in Frage. Außerdem zeigte sich der Wunsch nach verbesserten Optionen der Freizeitgestaltung bereits deutlich (vgl. Steiner, 1992, S. 47). Der Wunsch nach Individualität, Selbstständigkeit und einer eigenständigen Entwicklung war also schon vor der Wende deutlich vorhanden. Für die Werteentwicklung der ehemaligen DDR-Jugend kann deshalb ebenfalls von einer vorhandenen Wertsynthese gesprochen werden.

Im Hinblick auf die Aktualisierung der Werte konnte bei der Untersuchung der Werte der ostdeutschen Jugendlichen kurz nach der Wende festgestellt werden, dass der Wunsch nach guten Beziehungen schneller gestiegen ist, als der Wunsch nach einer befriedigenden Arbeit. Dies ist zum einen auf die Lebensbedingungen der DDR zurückzuführen, da hier vorwiegend eine Sichtweise der Arbeit als Existenzsicherung vorhanden war, welche über Sozialisationsinstanzen weitergegeben wurde. Zum anderen geben stabile soziale Beziehungen besonders in unsicheren Zeiten Halt. Obwohl Arbeit für viele junge Menschen auch eine lebensregulierende Funktion und das Bedürfnis nach einem Sinn des Lebens erfüllt, war etwa ein Viertel der ostdeutschen Jugendlichen der Auffassung, man müsse auch ohne Arbeit glücklich sein können (vgl. Steiner, 1992, S.53, 55ff.).

Der Wunsch nach einem gemeinschaftlichen und glücklichen Leben drückte sich auch in der Bildung zahlreicher informeller Gruppen, wie zum Beispiel der Punks, Skinheads oder Heavy Metals aus (vgl. Otto/Wenzke, 1992, S. 183). Vor allem in Großstädten wurde versucht, diese Subkulturen an die Öffentlichkeit zu tragen. Besonders der innere Zusammenhalt und die Solidarität untereinander waren für viele Jugendliche wünschenswerte Erscheinungen, bei denen Bedürfnisse nach Anerkennung innerhalb der Peer Gruppen sowie Bedürfnisse der Abgrenzung zur Erwachsenenwelt, befriedigt werden konnten. Eine Pluralisierung verschiedener Lebensauffassungen war zwar schon seit Mitte der 1080er Jahren vorhanden. Jedoch produzierte nicht nur die Presseberichterstattung der damaligen DDR ein „Klima moralischer Vorverurteilung", auch in westdeutschen Medien konnte Friebertshäuser nach der Wiedervereinigung (1992, S. 261, S. 262ff.) mittels Inhaltsanalysen eine Skandalisierung ostdeutscher Jugendsubkulturen aufzeigen. Ein solches Öffentlichkeitsbild fördert jedoch eine gesellschaftliche Zuschreibung und Außenseiterrolle, in welcher sich betroffene Jugendliche im Sinne einer sich selbst erfüllenden Prophezeiung dann auch selbst sehen können. So beeinflusst das Verhalten der jugendlichen Gruppen nicht nur deren Jugendbilder, auch wirken die Jugendbilder auf das Selbstverständnis der Jugendlichen.

Zusammengefasst zeigt sich, dass je nach Hoffnungen, die der Wiedervereinigung entgegengebracht wurden, unterschiedliche gesellschaftliche und persönliche Bewertungen seitens der ostdeutschen Jugendlichen erfolgten und verschiedene Bewältigungsstrategien, wie zum Beispiel das Ausleben in Jugendkulturen, gefunden wurden. Hinsichtlich Massenkonsum, Wohlstand und dem Umgang mit vertikalen Ungleichheiten existierten unterschiedliche Modernisierungsentwicklungen in beiden Systemen. Deutlich sind Langzeitwirkungen der Systemtransformation sichtbar. Der Zwang zur Anpassung an die marktwirtschaftlichen Prinzipien sowie an eine nun bestehende Leistungsgesellschaft, verlangte Bewältigungsstrategien, die jedoch aufgrund der Unerfahrenheit mit den neuen Problemen noch nicht vorhanden waren. Die systemtypischen Unterschiede spiegeln sich jedoch nicht nur in den Einstellungen der Jugendlichen wider, sondern auch in der Werteentwicklung. Dass langfristig fortbestehende Unterschiede zwischen Werten bestehen, wird aus der harten sozioökonomischen Umstellungskrise abgeleitet, welche zu einer mental labilen Situation führt, die ihrerseits auf die Werteentwicklung einwirkt (vgl. Klages, 1993, S. 225). Deshalb zeigte sich nach der Wende eine besondere, von Unsicherheiten geprägte Jugendgestalt, welche versuchte, diese Ungewissheiten mit Hilfe stabiler sozialer Beziehungen zu kompensieren. Die durchweg negativere Bewertung der beruflichen, persönlichen und gesellschaftlichen Zukunft sowie das Entstehen einer größeren Unzufriedenheit, lassen sich als epochal-spezifischer Bewältigungsstil interpretieren, um mit den neuen Rahmenbedingungen vorsichtig umzugehen. Arbeitslosigkeit als gemeinsames neues Thema prägte diese Generationsgestalt. Damit hat sich die Prognose einer schnellen adaptiven Reaktion bzw. einer zügigen Annäherung zwischen west- und ostdeutscher Jugend nicht bewahrheiten können.

6. Die Jugend der 1990er

Die 12. Shell-Jugend-Studie wurde 1997 durchgeführt und setzte einen Themenschwerpunkt hinsichtlich des politischen und gesellschaftlichen Engagements Jugendlicher. Die abschließende These lautete: „Die gesellschaftliche Krise hat die Jugend erreicht" (Münchmeier/Fischer 1997, S. 13). Die Krise, von der dabei gesprochen wird, betrifft vor allem den Arbeitsmarkt. Zunehmende Globalisierung und Rationalisierung verbunden mit einer schlechten wirtschaftlichen Situation im Osten führten zu einer hohen Arbeitslosenquote. Da es eine Entwicklungsaufgabe der Jugendlichen ist, sich für das Erwerbs- und Berufsleben zu rüsten, trifft sie diese Krise in besonderem Maße, da hierbei eine elementare Sinnkrise ausgelöst wird: „Wenn die Arbeitsgesellschaft zum Problem wird, dann muß auch die Jugendphase als Phase der biographischen Vorbereitung auf diese Gesellschaft zum Problem werden" (ebd., S. 13). Dies kommt in der Studie deutlich zum Ausdruck. Lehrstellenmangel und Massenarbeitslosigkeit sind Probleme, die eine „prägende Generationenerfahrung", unabhängig von ost- oder westdeutscher Herkunft darstellen (ebd., S. 15).

Das zeitlich unsichere und zum Teil verspätete Einsetzen ökonomischer Selbstständigkeit lässt es schwierig werden, das Ende der Jugendphase zu markieren, was zu einer weiteren Ausdehnung der Jugendphase führt. So verblieben Jugendliche nun häufig länger im sogenannten Bildungsmoratorium. Auffällig ist zudem, dass Jugendliche in den neuen Bundesländern, in denen die Probleme der Ausbildungsplatzsuche häufiger aufgetreten sind, die Jugendphase anders definierten. Die Frage, ob man sich selbst als jugendlich wahrnimmt, beantworteten ostdeutsche Jugendliche zu etwa 10% häufiger positiv (vgl. Münchmeier/Fischer 1997, S. 15). Zurückzuführen ist dies auf die häufiger auftretende längere ökonomische Unselbstständigkeit. Diesbezügliche Konsequenzen zeigen sich auch, wenn man sich die gesellschaftliche Zukunftszuversicht ansieht.

Mehrere Studien belegen eine schlechte Einschätzung der gesellschaftlichen Lage bei gleichzeitiger negativer persönlicher Zukunftssicht und geringem politischen Engagement. Wie die Shell Jugendstudie '97 belegte, ist besonders mit Blick auf das Alter der Jugendlichen ein Unterschied in der Bewertung der Zukunftsaussichten zu sehen. Es wird erkennbar, dass in der Altersgruppe der 15- bis 17-Jährigen, welche sich hauptsächlich in der Phase der Ausbildungs-

und Berufsfindungssuche befanden, am häufigsten ein Pessimismus hinsichtlich der gesellschaftlichen Zukunftszuversicht vorzufinden war (vgl. Münchmeier 1997, S. 292). Im Bereich der persönlichen Zukunftssicht zeigten sich deutlichere Unterschiede. Diese ist besonders vom sozioökonomischen Status abhängig. Folgende Grafik soll dies veranschaulichen.

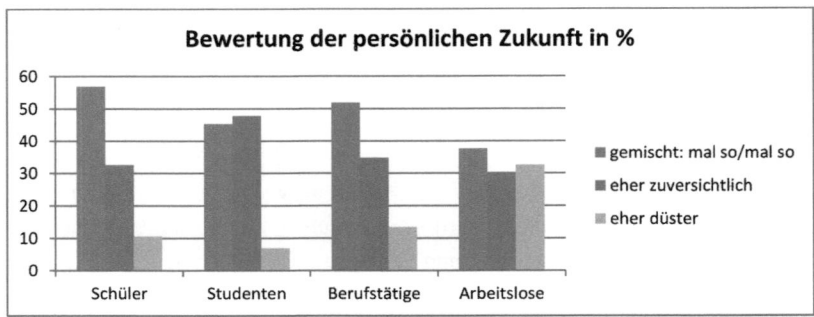

Grafik 1: Bewertung der persönlichen Zukunft Jugendlicher in %

Quelle: Jugend '97, S.292

In allen Kategorien war die Antwortkategorie „mal so/mal so" die am häufigsten genannte. Dadurch wird die existierende große Unsicherheit erkennbar. Studenten, die die besten Chancen hatten, an eine qualifizierte Stelle zu gelangen, sahen ihre Zukunft am häufigsten positiv. Auffällig ist jedoch auch, dass arbeitslose Jugendliche etwa dreimal so häufig düster in die eigene Zukunft blicken. Jugendarbeitslosigkeit als gesellschaftliches Problem löst also elementare Krisen in der Persönlichkeitsentwicklung der Jugendlichen aus.

Vor allem im Osten wird die Jugend zunehmend als problematisch wahrgenommen. Es konnten deutliche Unterschiede zwischen ost- und westdeutschen Jugendlichen aufgezeigt werden. Das vor allem durch selektive Medienberichterstattung erschaffene Bild einer ostdeutschen Jugend, die rechtsradikal und gewaltbereit ist, wurde in der Studie „Jugend in Brandenburg" durch Sturzbecher et al. untersucht. Festgestellt wurde, dass der in den 1990er Jahren stattgefundene soziale Wandel in der DDR besondere Auswirkungen auf die Jugend dahingehend hatte, dass es eine Zunahme der Freiräume zur Lebensgestaltung gab (Sturzbecher/Wurm, 2001, S. 33). Der in der DDR gesicherte biographische Berufsweg und die damit verbundenen veränderten Berufschancen bewirkten, dass die neuen Freiräume aber auch Unsicherheiten und Entwicklungsrisiken mit sich brachten. Brandenburg als Bundesland mit einer geringen Einwohnerdichte und wenig niedergelassenen Unternehmen barg ein besonders großes Risiko, von Jugendarbeitslosigkeit betroffen zu sein. Dieses Risiko und die Konfrontation mit Arbeitslosigkeit im Umfeld der Jugendlichen wirken sich folglich auf die Möglichkeiten der Lebensgestaltung aus und führen zu persönlichen Konsequenzen. Auch hier konnte gezeigt werden, dass der berufliche Zukunftsoptimismus dieser brandenburgischen Jugend seit der Wende deutlich zurückgegangen ist. Auch der Anteil derjenigen, die ihre eigene Zukunft insgesamt sehr pessimistisch bewerten, ist von 25% im Jahr 1993 auf 30% im Jahr 1999 gestiegen. Außerdem wirkt sich auch eine schlechte finanzielle Situation im Elternhaus auf die Lebenssituation und Zufriedenheit der Jugendlichen aus. Diese kann dazu führen, dass Jugendliche nicht in ausreichendem Maße an Freizeitaktivitäten Gleichaltriger teilnehmen können und gegenüber Jugendlichen aus besser gestellten ökonomischen Verhältnissen eine Ausgrenzung sowie eine Veränderung des sozialen Status erfahren (vgl. ebd., S. 39). Es konnte zudem nachgewiesen werden, dass sich eine solche angespannte finanzielle Situation als Stressor auf die Interaktion innerhalb der Sozialisationsinstanz Familie auswirkt. Dies wiederrum kann zu mangelnder Zuwendung der Eltern gegenüber dem Jugendlichen führen sowie zum Nichterlernen kommunikativer Aushandlungsprozesse zur Durchsetzung eigener Interessen. Kommen noch Persönlichkeitseigenschaften hinzu, die ein delinquentes Verhalten begünstigen, ist damit eine Gefahr für „abweichendes Verhalten" geschaffen. Besonders die Verbindung aus hohen Hedonismus-Werthaltungen mit Leistungsfeindlichkeit schafft den Nährboden für Kriminalität, Gewaltbereitschaft und Ausländerfeindlichkeit (vgl. ebd., S. 38, 45, 47, 49). Auch die Shell Jugendstudie 2000 konnte eine höhere Ausländerfeindlichkeit unter jungen Männern im Osten bestätigen. Während diese mit zunehmendem Alter im Westen abnimmt, nimmt sie im Osten zu. Ausländerfeindlichkeit korreliert besonders auch mit niedrigen Bildungsabschlüssen und Arbeitslosigkeit der Eltern (vgl. Münchmeier 2000, S. 256ff.). Deuten kann man dies auch als Indikator für ein Misslingen eigener biographischer Versuche. Denn wenn die Verwirklichung der eigenen Lebensvorstellung gefährdet ist, scheint es so zu sein, dass Ausländer als Sündenböcke herhalten müssen (vgl. Münchmeier 2003, S. 92).

Für die Werthaltungen Jugendlicher in Brandenburg ist zusammenfassend festzuhalten, dass hedonistische, selbstverwirklichende Ziele seit der Wende stark zugenommen haben. „Das Leben genießen, man lebt nur einmal" sowie „eine Arbeit haben, die erfüllt" wurde von den meisten Jugendlichen an oberster Stelle genannt, das heißt, deren Wichtigkeitseinstufungen haben seit der Wende zugenommen (vgl. Sturzbecher/Wurm 2001, S.47, 51). Für die Werteentwicklung zeigt sich damit in Ost und West ein ungleiches Bild: Während einige Pflichtwerte im Westen leicht zugenommen haben, sind hedonistische Werte im Osten immer mehr gestiegen. Zur Veranschaulichung zeigt die folgende Tabelle einige ausgewählte Beispiele an Wertorientierungen.

Tabelle 1: Allgemeine Wertorientierungen 1992 und 1997 in % (Anteil der Befragten die auf einer Skala von 1 (überhaupt nicht wichtig) bis 10 (sehr wichtig) die Skalenpunkte 8-10 gewählt haben.

	1992 West	1997 West	1992 Ost	1997 Ost
sich selbst verwirklichen	69	66	71	77
pflichtbewusst sein	57	66	71	70
das Leben genießen	69	73	64	76

Quelle: DJI Jugendsurvey 1997: Gille 2000, S.156

Im Allgemeinen war im Osten die Tendenz zu finden, verschiedene Werte zugleich höher zu bewerten (vgl. Gille 2000, S. 166ff.). Es lässt sich hier also eine höhere Bedeutung der Wertekoexistenz nachweisen. Die Verbindung aus konventionellen und modernen Werten ist eine „auf Dauer angelegte Besonderheit in der Wertestruktur Ostdeutscher" (Gille 2000, S. 168). Um sich an bestehende Verhältnisse anzupassen und die besten Möglichkeiten nutzen zu können, sind sowohl eine orientierungsgebende Sicherheit als auch die eigene Selbstverwirklichung wichtig. Festzuhalten ist, dass konventionelle Pflicht- und Akzeptanzwerte jedoch insgesamt um 4 bis 5 Prozentpunkte an Bedeutung verloren haben. Zu diesem Ergebnis kommt auch Klages (1993). So haben hedonistische und materialistische Werte im Osten eine höhere Bedeutung als im Westen, was auf einen „Nachholbedarf" an Wohlstand und Konsum zurückgeführt werden kann. Dieser soll jedoch durch Arbeit erkämpft werden, was dazu führt, dass auch die Pflicht- und Akzeptanzwerte im Osten höher ausgeprägt sind (vgl. ebd., S. 232). Insgesamt sind in den neuen Bundesländern also Werte wichtiger, was zur Herausbildung einer Wertsynthese förderlich ist. Dennoch haben auch die Werte „soziale Akzeptanz" und „Solidarität" an Bedeutsamkeit gewonnen (vgl. Sturzbecher/Wurm 2001, S. 81). Dies ist darauf zurückzuführen, dass angesichts einer schwierigen Situation soziale Ressourcen, wie zum Beispiel Unterstützung, wichtiger werden. Während die Wichtigkeit der sozialen Teilhabe steigt, ist jedoch in dieser Studie die Teilhabe am politischen Leben für die meisten als unwichtig betrachtet worden.

Die DJI Jugendsurvey von 1997, eine repräsentative Studie des Deutschen Jugendinstituts über Jugendliche und junge Erwachsene im Alter von 16 - 29 Jahren, konnte ebenfalls nachweisen, dass ostdeutsche Jugendliche mit Ausnahme ihres Privatlebens die Lebensverhältnisse durchweg deutlich negativer beurteilten. Dies deutet darauf hin, dass die bestehenden Verhältnisse dort häufiger als ungerecht empfunden werden (Achatz 2000, S. 113). Zudem war die Wahrnehmung sozialer Unterschiede ebenfalls, unabhängig von der Präferenz einer bestimmten politischen Richtung, im Osten deutlich höher (ebd., S. 112). Mitte der 1990er Jahre konnte also noch nicht von einer Angleichung der Jugendlichen in Ost und West gesprochen werden. Vor allem die häufigere persönliche Betroffenheit durch gesellschaftliche Probleme im Osten ließ eine positive Beurteilung der aktuellen und zukünftigen Lage nicht zu. Eine eher pessimistische Einschätzung hat jedoch Auswirkungen auf verschiedene Lebensbereiche, so eben zum Beispiel auch auf die politische Teilhabe. Insgesamt zeigt sich, dass die erwartete schnelle Anpassung der Ostdeutschen an das westdeutsche System nicht stattfand und die plötzlichen Veränderungen nachhaltig wirken. Ein schneller Transformationsprozess hat sich als problematisch erwiesen. So sind zwischen 1990 und 2000 mehr als 2,5 Mio. Bundesbürger aus den neuen Bundesländern in den Westen gezogen, um die eigenen Berufschancen zu verbessern (Andresen et al. 2003, S. 20). Zu beachten sind aber die starken Stadt-Land-Unterschiede. Diese resultieren ebenfalls größtenteils aus der regionalen Arbeitsmarkt-, Wirtschafts- und Ausbildungssituation. Es ergeben sich deshalb zwei verschiedene Ausgangslagen. So traten beispielsweise in Sachsen weniger wirtschaftliche Probleme auf, aber auch Jugendliche in Städten waren von den ökonomischen

Problemen weniger betroffen (vgl. ebd., S. 22). Man kann deshalb sagen, dass aufgrund der höheren Betroffenheit durch wirtschaftliche Probleme, besonders in ländlichen Regionen der neuen Bundesländer, ein eigenes Jugendbild entstand.

Deutlich konnte in der Shell Jugendstudie 1997 für beide Teile Deutschlands aufgezeigt werden, dass eine Institutionendistanz unter den Jugendlichen der 90er Jahre vorherrscht. Von einer „skeptischen Distanz" der jungen Leute gegenüber gesellschaftlichen Organisationen ist die Rede (vgl. Münchmeier/Fischer, 1997, S. 16). Davon sind in erster Linie politische Institutionen wie Parteien, Bundesrat und Bundestag betroffen. Von den staatlichen Organisationen genießen diejenigen, die Werte wie Vertrauen und Glaubwürdigkeit repräsentieren, wie beispielsweise die Polizei oder staatliche Ämter, noch die größte Zustimmung. Bürgerschaftliche Organisationen bekommen das meiste Vertrauen zugesprochen. Diesbezüglich konnte herausgearbeitet werden, dass die Variable „erlebter Gegensatz der Generationen" im Wesentlichen zur Ablehnung gegenüber den politischen Institutionen beiträgt (vgl. ebd., S. 17). Das bedeutet, dass die Jugendlichen ihre Interessen durch die Lebenswelt der Erwachsenen nicht mehr gewahrt sehen. Stattdessen sehen sie sich mit einer Gesellschaft konfrontiert, in der politische Aktionen keine Wirkung zeigen oder durch persönliches Engagement kaum etwas verändert werden kann. Auch diejenigen, welche politisches Interesse und Wissen vorweisen, haben bezüglich der Politik geringe Wirksamkeitserwartungen. In Abgrenzung zu gewöhnlichen entwicklungs-psychologischen Ablösungskonflikten Jugendlicher, bedeutet „erlebter Gegensatz der Generationen" deshalb, dass sich die junge Generation insofern vernachlässigt fühlt, dass sie sich in der Rolle sieht, die Fehler der vorherigen Generationen ertragen und beheben zu müssen. Ein Indiz für das Verspüren eines solchen erlebten Generationengegensatzes ist unter anderem auch, dass sich die Identifikation mit Vorbildern von Personen aus der sozialen Umgebung wie beispielsweise Eltern, Freunde usw. stark verringert haben, während nun Personen der Öffentlichkeit hauptsächlich Vorbildfunktion erfüllen. Ebenso ist die Anzahl derer, die angaben, überhaupt kein Vorbild zu haben, gestiegen (vgl. ebd., S. 21). Es zeigt sich die gesellschaftliche Lage der Jugend, welche sich mit Problemen konfrontiert sieht, für die eine Lösung nicht in Sicht ist und deren Zukunft sich als ungewiss abzeichnet. Dies liefert auch eine Erklärung für das Desinteresse an Politik. Zwar waren die Jugendlichen bereit sich zu engagieren, politische Aktionen schienen ihnen jedoch nicht geeignet, das Ziel von gesellschaftlichem Verständnis und befriedigenden Ergebnissen zu erreichen (vgl. ebd., S. 19f.). Ein Engagement ist dann am meisten vorhanden, wenn es direkt in nahem Umfeld erfolgt und konkret etwas bewirkt werden kann (vgl. Blank, 1997, S. 33). Im Großen und Ganzen zieht die Politik jedoch Negativassoziationen wie zum Beispiel Machtlosigkeit gegenüber den bestehenden Arbeitsmarktproblemen, auf sich, was auch im Zusammenhang mit den Auswirkungen der Marktwirtschaft, die sich seit der Wende nicht erholt hat, in Zusammenhang steht.

Obwohl diese Distanz zu gesellschaftlichen Institutionen in den neuen Bundesländern höher ist als in den alten, zeichnet sich insgesamt das Bild einer Jugend, die, vor dem Hintergrund der Angst vor Arbeitslosigkeit, skeptisch reagiert. Es zeigen sich zwei Bewältigungsstrategien auf: Erstens ist das Phänomen einer Privatisierung vorhanden, das heißt eines Rückzuges in eine eigene, kleine Lebenswelt. Zweitens zeigt sich die Tendenz zu einer Anpassung im Sinne der Zurückstellung eigener Bedürfnisse zugunsten besserer Möglichkeiten (vgl. Münchmeier/Fischer 1997, S. 17).

Für die Möglichkeit der Privatisierung bieten subkulturelle Gruppierungen eine geeignete Folie. Aus der Studie wird ersichtlich, dass Freizeit und kulturelle Orientierungen mit Gleichaltrigen eine wichtige Rolle im Leben der Jugendlichen einnahmen (vgl. Münchmeier/Fischer 1997, S. 20). Jedoch zeigt sich, dass die jugendkulturellen Stile schnelllebige Züge besaßen. Eine Zunahme an Diffusität und Flexibilität war vorhanden, was die Möglichkeit, einen einheitlichen gesellschaftlichen Gegenentwurf zu schaffen, einschränkt. Dennoch stellen sie in ihrer Unverbindlichkeit ein Spiegelbild der gesellschaftlichen Entwicklung dar, die ebenso an Flexibilität zugenommen hat. Die Verweigerung, sich einem ganz bestimmten Stil zuzuordnen, stieg; es gab häufig eine Affinität zu mehreren Stilen gleichzeitig oder in rascher Folge. Dabei wurden Gruppenstile bevorzugt, die Spaß bereiteten und Unterhaltung boten (vgl. ebd, S. 21). Dies könnte auf den Wunsch nach lockerer Gemeinschaft zurückzuführen sein, in welcher nicht Probleme und das Beziehen von Positionen im Vordergrund stehen, sondern eine Gegenwelt geschaffen wird, die einen Rückzugsort für die schwierigen Situationen des Lebensalltags darstellt. Insgesamt nahm demnach die Identifikation mit politischen jugendkulturellen Bewegungen ab, während kommerzialisierte Gruppenstile bevorzugt wurden. Die Haltung des Jugendlichen als „Experimentierer" schien zu dieser Zeit ein vordergründiges Motiv zu sein.

Damit setzt sich das Bild einer „Null Bock" Generation fort, das bereits seit den 80er Jahren in der Öffentlichkeit entstand. Als Anzeichen dafür wurde unter anderem eine zunehmend schlechtere Einstellung zur Schule gesehen. Dies zeigte sich daran, dass nicht nur die Wahrnehmung einer weniger teilnehmenden Schülerschaft vorhanden war; auch lieferten verschiedene Studien Ergebnisse einer Jugend mit zunehmender Schulentfremdung (vgl. Mansel 1996, S. 89). So nahm die Zahl der Sitzenbleiber in den 1990er Jahren zu und auch die Anzahl der Jugendlichen, die angaben, gern zur Schule zu gehen, verringerte sich deutlich. Dies konnte Mansel jedoch nicht bestätigen, stattdessen kritisiert er, dass den Jugendlichen die Entwicklung zur Selbstentfaltung strukturell vorenthalten wurde und damit die Schulentfremdung vor allem durch den Kontrast zwischen Wertorientierung und dem Zwang zur Pflichterfüllung zu Stande kam (vgl. ebd., S. 102). Auch setzte bereits seit den 70er Jahren in der BRD eine Entwicklung ein, welche die Jugend nicht mehr als gesellschaftskritische Gegenkultur erscheinen ließ. Es entwickelte sich eine kommerzialisierte Medienkultur (Scherr, 2009, S. 108). Es enstand das Bild einer entpolitisierten und auf das eigene Wohlergehen fixierten Jugend. Seit Mitte der 80er Jahre wurde dieses Bild noch verstärkt und es bildeten sich zunehmend heterogene Jugendkulturen aus. Man sprach von einer „utopiefreien no-future Generation" (vgl. Ferchhoff 2007, S. 149f.). In den 1990er Jahren waren Jugendliche dann mehr denn je Freizeit-, Medien- und Konsumprofis. Genießen und Spaßhaben standen im Vordergrund. Es präsentiert sich ein Bild einer verzweifelten und verlorenen Jugend ohne Gestalt – die Generation X, deren Kennzeichen eine ungewisse Zukunft ist (vgl. ebd.). Das entstandene Jugendbild einer hedonistischen Generation sowie der „erlebte Gegensatz der Generationen" beeinflusste so nicht nur die Sichtweise der Gesellschaft auf die Jugend, sondern kann ebenso eine Ursache für den Rückzug der Jugend in eine diffuse Welt der Jugendkulturen sein. Ferchhoff spricht deshalb von einer „manieristisch-postalternativen Jugendkultur", die sich eher über Darstellung und Lebensart ausdrückt als über Diskurse (vgl. ebd., S. 152f.). Seit Mitte der 80er Jahre des 20. Jahrhunderts führten außerdem abnehmende Werte im Politikinteresse der Jugendlichen, die sich nur kurzzeitig erhöhten, zu Prognosen, dass Jugendkulturen ihre politische Innovationskraft verloren haben. In den Hintergrund wird jedoch gerückt, dass mit der Ausbreitung und Pluralisierung von Jugendkulturen eine „kulturelle Revolution" passiert ist. Das heißt, dass Jugendliche ihre Erwartungen und Werthaltungen vorwiegend durch körperbezogene Ausdrucksformen zu Tage bringen (vgl. Fritzsche 1997, S. 363). Außerdem beteiligen sich Jugendliche immer noch häufig an Protesten wie das Beispiel Irak-Krieg gezeigt hat (vgl. Bock, Pfaff 2003, S. 106). Schließlich zeigt sich, dass die „Inhalte der Jugendkulturen so diffus sind wie die moderne Gesellschaft selbst" (Fischer, Münchmeier 1997, S. 20). Das wiederrum zeigt, dass sich die Jugendlichen dennoch mit ihrer gesellschaftlichen Umwelt auseinandersetzen.

Gerade zu dieser Zeit erfreute sich deshalb auch eine Jugendkultur wie die Technoszene großer Beliebtheit. Ein Öffentlichkeitsbild von einer Jugend, die nicht nur in Berlin exzessiv an bunten Paraden wie der „Love Parade" teilnimmt, entstand. Diese Jugendkultur, „die ohne propagierte Forderungen auskommt" und mit „scheinbarer Begriffs- und Sprachlosigkeit" Aufmerksamkeit erregt (Kemper, 2004, S. 13), hatte ihre Hochzeit ab Mitte der 1990er Jahre. Unter den Jugendlichen angesehen, wirkte vor allem das Fehlen von Textaussagen auf die Gesellschaft inhaltslos und protestfrei. Im Gegensatz dazu vertraten Punks ihre politischen Einstellungen demonstrativ und stellten sich öffentlich gegen bürgerliche Normen. Dennoch kann die Technoszene auch als Ausdruck einer Generation angesehen werden: „Teilnehmer der Technoszene praktizieren ihre Einstellungen, ohne diese weitgehend zu thematisieren" (ebd., S. 181). Dafür spricht einerseits die ausgesprochene Friedfertigkeit auf Techno-Veranstaltungen. Das heißt, dass die Jugendlichen eine „kreative Pragmatik" leben und sich gegenüber den Erwachsenen abgrenzen, indem die Handlung statt der Diskurs im Vordergrund steht" (vgl. ebd., S. 198). Auch wurden vorzugsweise Lokalitäten für Veranstaltungen gesucht, die leblos erschienen, wie zum Beispiel alte Industrieanlagen. Dadurch kommt eine Wiederbelebung zum Ausdruck, die dem Wunsch nach produktivem Umgang mit bestehenden Ressourcen entspricht. Aber es wird auch eine öffentliche Feierkultur zelebriert (vgl. ebd., S. 198f.). Die Jugendlichen, die sich als „partiell ohnmächtig gegenüber etwaigen Änderungen der Lebensbedingungen" sehen, die zudem kein Vertrauen in gesellschaftliche Institutionen besitzen und einen starken Gegensatz der Generationen verspüren, genießen das Leben im Hier und Jetzt. Auf diese Weise wird das „Unpolitische politisch" (ebd., S. 230).

Der Rückzug in spezielle Szenen und Jugendkulturen kann deshalb auch als ein epochal-spezifischer Bewältigungsstil angesehen werden. Des Weiteren stellen, wie erwähnt, jugendkulturelle Szenen in besonderer Weise Irritationen für die älteren Generationen dar (vgl. Baake 2007, S. 227). Damit ist die Techno-Szene ein Beispiel für ein Jugendphänomen, welches in spezieller Weise die gesellschaftlichen Rahmenbedingungen, das damit verbundene Gefühl der eigenen Machtlosigkeit und den steigenden Wunsch, hedonistische Wertorientierungen auszuleben, in sich verbindet und deutlich zum Ausdruck bringt. Die Gruppenorientierung wirkt in Zeiten einer unsicheren Zukunft zusätzlich stabilisierend. Die angespannte wirtschaftlichen Lage und daraus resultierenden schlechten Bewertungen der Zukunft bewirkte zudem, dass sich die Jugendlichen eine eher gegenwartsorientierte Lebens- und Denkweise aneigneten und damit die Sichtweise der Jugend als Moratorium im Vordergrund stand. Damit wurde die Jugend nicht nur durch gesellschaftliche Rahmenbedingungen beeinflusst, sondern trug auch zur Entwicklung des überspitzten Jugendbildes der unpolitischen, spaßorientierten „Generation X" bei, welches eine Abgrenzung zu den Erwachsenen aufrecht erhielt.

7. Die pragmatische Jugend

Seit der Jahrtausendwende ergibt sich der Eindruck einer zunehmend optimistischeren Jugend. Sowohl die persönliche als auch die gesellschaftliche Zukunftszuversicht sind in der Shell-Studie 2000 deutlich angestiegen (vgl. Fischer et al. 2000, S. 13). Eine unbeschwerte Jugend ist es dennoch nicht, da den Jugendlichen bewusst ist, dass sie Herausforderungen überwinden müssen, damit sich diese Zuversicht auch erfüllt.

Was den Jugendlichen Sorgen bereitet, ist vor allem die wirtschaftliche Lage. Damit verbunden fürchten 69% im Jahr 2006 und 62% der Jugendlichen im Jahr 2010 den Arbeitsplatz zu verlieren oder erst keinen zu finden. An zweiter und dritter Stelle folgt die Angst vor Terroranschlägen und Folgen der Umweltverschmutzung (vgl. Leven et al. 2010, S. 119). Auch der demographische Wandel, d.h. die Überalterung der Gesellschaft, sehen die Jugendlichen als großes Problem an (vgl. Schneekloth, Albert 2010, S. 166).

Der Wunsch nach beruflichem Erfolg und einem erfüllenden Privatleben ist mit großen biographischen Anstrengungen verbunden, welche die Jugendlichen der 2000er im Allgemeinen bereit sind zu meistern. Seit 2002 wird die derzeitige Jugendgeneration deshalb durch die Shell-Jugendstudien als „pragmatisch" bezeichnet. Dieses Attribut ist insofern zutreffend, da es die hohe Leistungsbereitschaft in Verbindung mit tatkräftigem Anpacken sowie einer auf naheliegende Probleme bezogenen Handlungsorientierung beschreibt. Eine Entwicklung in diese Richtung zeigt sich seit der Shell-Jugendstudie 2000, weshalb im Folgenden auf wichtige Veränderungen in verschiedenen Lebensbereichen, die sich in den Shell-Jugendstudien der Jahre 2000, 2006 und 2010 gezeigt haben, eingegangen wird.

Zunächst zeigt sich seit 2000 insgesamt ein optimistisches Bild der Jugend bezüglich der persönlichen Zukunftszuversicht, wie in Diagramm 1 ersichtlich ist. Diese hat sich gegenüber der Studie von 1997 deutlich erhöht. Die gesellschaftliche Zukunftszuversicht dagegen erlebte im Jahr 2000 ihren Höhepunkt, war 2006 dann stark rückläufig, aber konnte in der Studie von 2010 wieder einen Anstieg verzeichnen.

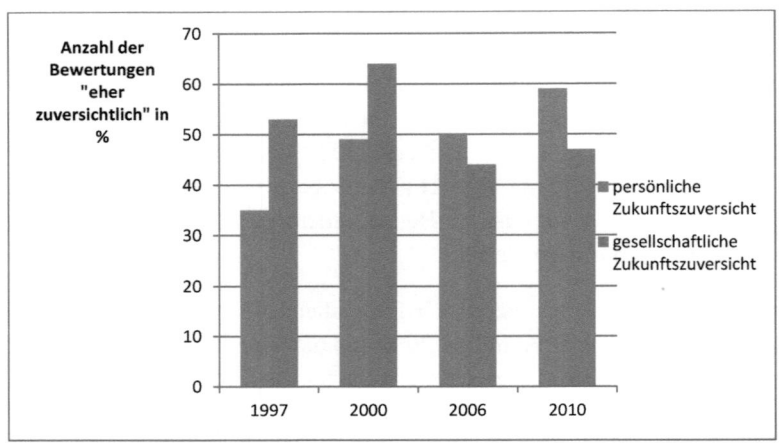

Grafik 2: Einschätzung der persönlichen Zukunftszuversicht gesamt (Quellen: Jugend '97: S. 291,292; Jugend 2000: S.25,29, Jugendstudie 2006: S.97,100, Jugend 2010: S.16)

Dem durchweg zunehmende Optimismus hinsichtlich der persönlichen Zukunft steht also ein kritisches Gesellschaftsbild gegenüber. Die „pragmatische Generation steht unter Druck" (vgl. Albert et al. 2006, S. 443ff.), weil die Sorge um einen adäquaten Arbeitsplatz vorhanden ist, die wirtschaftliche Lage insgesamt schlechter bewertet wird und die Angst vor Armut steigt. Außerdem sieht sich die Jugend mit den Folgen einer alternden Gesellschaft konfrontiert. In der Shell-Studie 2010 behauptet sich die „pragmatische Generation" und es kann insgesamt ein Anstieg im Optimismus verzeichnet werden (vgl. Albert et al. 2010, S. 15). Dass die persönliche Zukunftszuversicht stetig wächst, verweist auf die pragmatische Handlungsorientierung. Durch Leistungsbereitschaft, Motivation und Durchsetzungsvermögen versuchen die Jugendlichen trotz Weltwirtschaftskrise und unsicheren Berufsperspektiven des eigenen Glückes Schmied zu sein und dennoch Aufstiegsmöglichkeiten zu nutzen.

Deshalb sind es besonders die arbeits- und versorgungsbezogenen Orientierungen, auf welche die Jugendlichen in den letzten Jahren ein besonderes Augenmerk gelegt haben. Bereits in der Shell-Jugendstudie 2000 konnte festgestellt werden, dass die Wertigkeit des Berufs als Selbstverwirklichungsmöglichkeit gestiegen ist. So gilt Beruf nicht nur als materielle Absicherung, sondern vor allem auch als „selbstgewähltes

Lebenskonzept, für das man sich persönlich einsetzen muss" (vgl. Fischer et al. 2000, S. 15). Es ergeben sich jedoch große Unterschiede in Abhängigkeit von der Bildung. Hauptschüler hegen viel mehr den Wunsch nach gesichertem Einkommen, während Abiturienten sich einen Arbeitsplatz wünschen, der Sinnerfüllung und Inhalt verspricht (vgl. ebd.). Insgesamt ist das Streben nach Erfolg jedoch enorm gestiegen, was an der Zahl der angestrebten Abschlüsse ersichtlich ist: So hat sich die Zahl derer, welche eine Hochschulreife erwerben möchten seit 2002 von 49% auf 55% erhöht (vgl. Leven et al. 2010, S. 75). Vor allem die Mädchen gelten als Bildungsgewinner; sie sind inzwischen häufiger als Jungen an Gymnasien anzutreffen und die Anzahl der Mädchen, die weiterführende Schulen besuchen, erhöht sich weiter (vgl. ebd., S. 74). Ein guter Bildungsabschluss ist dennoch nicht ausreichend, um sorgenfrei in die berufliche Zukunft blicken zu können. Trotz günstiger Arbeitsmarktprognosen und aufgrund des mit dem demographischen Wandel verbundenen Fachkräftemangels, erwarten nur 33% der Studierenden eine problemlose Arbeitsplatzsuche. Mit 48% sorgt sich fast die Hälfte aller Studierenden darum, eine passende oder ausbildungsadäquate Stelle zu finden, und 8% erwarten Schwierigkeiten, überhaupt eine Stelle zu finden (vgl. Bundesministerium für Bildung und Forschung 2011, S. 162).

Auch der Bereich Familie ist ein wichtiger Bereich, an dem sich die Jugend orientiert. So gaben im Jahr 2006 72% und im Jahr 2010 sogar 76% aller befragten Jugendlichen an, dass man eine Familie brauche, um glücklich zu sein (vgl. Langness et al., 2006, S. 51; Leven et al. 2010, S. 57). Die Familie als emotionaler Rückhalt und persönlichkeitsstabilisierende Ressource wird, ähnlich wie die Berufswahl, dabei immer mehr subjektiviert. Das heißt, dass anstatt eines materiellen, selbstverständlichen Verhältnisses eine partnerschaftliche und vertrauensvolle Beziehung gewünscht wird (vgl. Fischer et al. 2000, S. 13). Ein Kinderwunsch ist 2010 bei 69% der Befragten vorhanden. Diese Zahl hat sich seit 2006 in allen sozialen Schichten leicht erhöht, ist jedoch wesentlich niedriger als im Jahr 2000 (vgl. Albert et al., 2010, S. 60, Fischer et al. 2000, S. 56). Gut ein Drittel sind der Meinung, auch ohne eigene Kinder ein glückliches Leben führen zu können. Die Jugendlichen unterscheiden sich dabei vor allem bezüglich des Alters, Geschlechts und des Landesteils: So ist der Kinderwunsch besonders bei weiblichen Jugendlichen aus den neuen Bundesländern ab dem 23. Lebensjahr vorhanden.

Obwohl vielen eine bestehende Diskrepanz zwischen dem Wunsch nach einem erfüllten Berufs- und Familienleben bewusst ist, sind die Jugendlichen der 2000er bereit, Mobilitätsbereitschaft und Anstrengung auf sich zu nehmen. Ein Zeichen für das Entstehen einer pragmatischen Jugendgeneration ist auch, dass zunehmend Zwischen- und Behelfslösungen in Kauf genommen werden, um die eigenen Ziele zu verfolgen. Dies zeigt sich sowohl im Berufs- als auch im Privatleben daran, dass auch Überbrückungs-Jobs genutzt werden und alternative Lebensformen wie „Living apart together" oder Single-Wohngemeinschaften zunehmende Akzeptanz erfahren (vgl. Fischer et.al. 2000, S. 15).

Auch das Verhältnis innerhalb der Herkunftsfamilie hat sich insgesamt verbessert. Eltern gelten sehr viel mehr als Vertrauenspersonen (Fischer et al. 2000, S. 14). Das liegt unter anderem daran, dass Eltern ihre Rolle als Unterstützer und Berater besser wahrnehmen. Es konnte in der Shell-Studie 2000 eine Variable „elterliches Zutrauen" gefunden werden, welche positiv mit einer klaren Lebensplanung, Autonomie, Berufs- und Familienorientierung des Jugendlichen korreliert (vgl. Fischer et al. 2000, S. 14). Im Jahre 2006 zeigt sich ein Trend einer noch höheren Bedeutungszuschreibung der Herkunftsfamilie. Erkennbar ist dies daran, dass mittlerweile 73% der 18-21jährigen sowie 34% der 22-25jährigen noch im Elternhaus leben (vgl. Leven et al. 2010, S. 68). Zum einen sind es ökonomische Gründe, welche die Jugendlichen länger in der Herkunftsfamilie verweilen lassen, zum anderen wird die Familie in der Rückhalt- und Unterstützungsfunktion höher bewertet. Auch sind die meisten Jugendlichen, immerhin 71%, mit der Erziehung der Eltern zufrieden und haben ein partnerschaftliches Verhältnis zu ihnen aufgebaut. 2010 gaben sogar 91% an, mit den Eltern bestens oder gut klar zu kommen (vgl. ebd., S. 66). Es gibt außerdem eine enorme Tendenz zu einer immer besseren Beurteilung des Erziehungsstils dahingehend, dass immer mehr Jugendliche ihre Kinder genauso oder ähnlich erziehen würden. Dies deutet nicht nur auf eine weniger kritische Haltung gegenüber den Eltern hin, sondern auch auf das Bevorzugen eines harmonischen Miteinanders. Außerdem ist dies ein Hinweis auf einen insgesamt weniger großen Einfluss der in der Jugendstudie 1997 gefundenen Erklärungsvariablen „erlebter Gegensatz der Generationen".

Für die Werteentwicklung im Allgemeinen zeigt sich, wie bezüglich der Berufs- und Familienorientierung, ebenfalls ein Prozess der Subjektivierung. Es scheint, als würden Werte nicht mehr durch die Gesellschaft vorgegeben, sondern bewusst gewählt (vgl. Fischer et al., 2000, S. 15). Das Nachdenken darüber geschieht in Auseinandersetzung mit der eigenen Persönlichkeit und der Umwelt. Da diese an Komplexität gewonnen haben und deren Flexibilitätsanforderungen gestiegen sind, ist bei immer mehr Jugendlichen das Vorhandensein einer Wertsynthese erkennbar. Fischer et al. sprechen hierbei von einer sich ausbreitenden „Sowohl-als-auch" - statt einer „Entweder-oder" – Mentalität (vgl. 2000, S. 16). Dies wird unter anderem daran verdeutlicht, dass die Wertdimensionen Autonomie und Menschlichkeit keine Gegensätze bilden, sondern versucht wird, den eigenen Anspruch an Selbstständigkeit mit Hilfsbereitschaft, Toleranz und Kooperationsbereitschaft in Einklang zu bringen. Die gesellschaftlichen Anforderungen an Flexibilität in einer globalisierten Dienstleistungsgesellschaft spiegeln sich in den Wertorientierungen insofern wider, dass zunehmend nicht nur eine Pluralisierung von Lebensformen, sondern auch eine Vielfalt von Wertorientierungen existiert. So scheint es, als ob „Werte zu (lebens-) situationsabhängigen Konzepten mutiert" sind und als „situationsübergreifende Entscheidungshilfen und Verhaltensprädiktatoren ausgedient" hätten (Fritzsche 2000, S. 97). Damit werden Werte zu wünschenswerten Vorstellungen und zu Anhaltspunkten, an denen man sich orientieren kann, aber nicht muss. Auch 2006 konnte eine Wertsynthese aufgezeigt werden. Unabhängigkeit, aber auch die Pflege sozialer Nahbeziehungen schließen sich untereinander nicht aus. Der Wunsch nach der Verbindung der Berufs- und Familienorientierung zeigt, dass sowohl das Ausleben der Gefühle und Aspekte der persönlichen Selbstentfaltung als auch das Streben nach Sicherheit hoch bewertet werden. Auch im Bereich der Freizeit wird eine Balance zwischen dem „Genießen und Auskosten der Gegenwart und der langfristigen Vorbereitung auf die Zukunft" angestrebt (vgl. Hurrelmann et al. 2006, S. 39). Dies wird anhand der Studie von 2010 daran deutlich, dass sowohl der Wert der Leistungsbereitschaft als auch hedonistische, das heißt nach Bedürfnisbefriedigung strebende, Werte an Bedeutung gewonnen haben. Hier stehen sich die psychologischen Muster des Aufschiebens von Befriedigung und der Bedürfnisbefriedigung gegenüber, und auch hierbei wird ein Gleichgewicht zwischen beiden Orientierungen gesucht (vgl. Gensicke 2010, S. 197f.). Es scheint, als stehe ein zielstrebiger schulischer bzw. berufsbildender Weg der Lebensfreude nicht im Weg, solange die Freizeit für hedonistische Bedürfnisse genutzt werden kann.

Während 1992 nur 57% angaben, mit den selbstgesetzten Zielen ehrgeizig und anspruchsvoll umzugehen (vgl. Fischer et al. 1992, S. 148), zeigt sich bei der Jugend der 2000er Jahre ein völlig anderes Bild. Seit 2006 findet sich nicht nur eine verstärkte Hinwendung zur Partnerschaft, sondern auch zu Pflicht- und Akzeptanzwerten wie Ordnung, Fleiß und Sicherheit (vgl. Albert et al., 2006, S. 445). Eine Ursache dafür ist, dass die prekäre Arbeitsmarktsituation bewirkt, dass eher konservative Wertorientierungen hilfreich bei der Erfüllung eigener beruflicher Wünsche sind. Das Verfolgen eigener beruflicher Karrieren steht hoch im Kurs und wird aktiv verfolgt. Ehrgeiz und Fleiß sind dazu geeignet, dieses Ziel zu erreichen, weshalb man durchaus von einer „Wiederaufwertung der sogenannten Sekundärtugenden" sprechen kann (Gensicke 2006, S. 175). Aber auch moralische Werte wie Treue und Glauben haben an Bedeutung gewonnen. Obwohl deshalb im Vergleich zu den 80er und 90er Jahren traditionelle Wertorientierungen für die Jugendlichen wichtiger geworden sind, wird jedoch nicht weniger nach Selbstentfaltung gestrebt. Die Wertsynthese wird damit zu einem konsequenten Muster, da eine Mischung aus Selbstentfaltung und Selbstkontrolle keinen Widerspruch, sondern eine nützliche Verbindung darstellen (vgl. Albert 2006, S. 445). Ein ausgeprägter Sinn für soziale Nahbeziehungen scheint ebenfalls bei der Bewältigung des bestehenden Drucks und der sozialen Probleme zu helfen. So wird 2010 auch die Beziehung zu den Freunden von 94% der Jugendlichen als wichtig eingestuft.

Im Bereich der politischen Teilhabe gab es um die Jahrtausendwende weitere Veränderungen. Das Interesse an Politik hat vorerst unabhängig von Bildung und sozialer Herkunft noch weiter abgenommen (vgl. Fischer et al., 2000, S. 17). Wie es bereits in den 90er Jahren der Fall war, ist dies hauptsächlich auf das mangelnde Vertrauen in politische Institutionen zurückzuführen. Politische Parteien bilden im Jahr 2000 noch immer das Schlusslicht bei der Frage nach dem Vertrauen in Institutionen. Das Vertrauen in staatliche und öffentliche Institutionen ist dagegen leicht angestiegen. Jedoch haben vor allem nichtstaatliche Organisationen in den neuen Bundesländern „erdrutschartig" an Vertrauen verloren (vgl. ebd., S. 16). Es scheint für die Jugendlichen schwer zu sein, einen Bezug zu diesen Organisationen herzustellen und es wird noch immer eine Distanz zur Politik erlebt. Sowohl 2006 als auch 2010 ist das Politikinteresse zwar leicht angestiegen, befindet sich jedoch noch auf einem sehr niedrigen Niveau, was die folgende Grafik veranschaulichen soll.

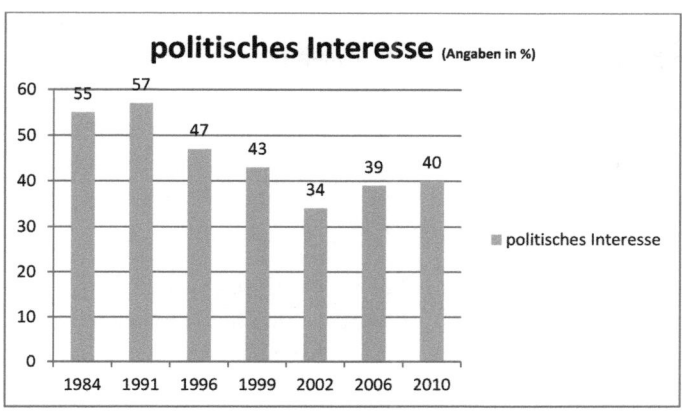

Grafik 3: politisches Interesse im Verlauf (Quelle: Shell-Jugendstudie 2010, S.131)

Während 1991, in einer Zeit politischen und gesellschaftlichen Umbruchs, das politische Interesse am höchsten war, erlebte dieses 2002 seinen Tiefpunkt. Vor allem in höheren Bildungsschichten zeigt sich seitdem eine leichte Veränderung hinsichtlich eines größeren Engagements und vermehrten politischen Interesses. Aber auch hier genießen die Parteien wieder das geringste Vertrauen, während staatliche Institutionen, wie zum Beispiel die Polizei und Menschenrechts- und Umweltorganisationen am vertrauensvollsten bewertet werden (vgl. Hurrelmann et al. 2006, S. 19). Anzumerken ist, dass es im Hinblick auf die Wirtschafts- und Finanzkrise einen erheblichen Vertrauensverlust im Finanzsektor gegeben hat (vgl. Schneekloth 2010, S. 140). Zu trennen ist dies jedoch von der Einschätzung des gesellschaftlichen Engagements der Jugend. Hier zeigt sich seit 2006 ein umfassenderes Einsetzen im persönlichen Umfeld. Vor allem Jugendliche aus höheren Gesellschaftsschichten, sowie Gymnasiasten, nutzen ihre Freizeit für Aktivitäten der sinnvollen Freizeitgestaltung für Jugendliche, setzen sich für benachteiligte Menschen ein, oder engagieren sich in Vereinen. 2010 gaben 39% der Jugendlichen an, sich oft sozial zu engagieren, 41% tun dies gelegentlich. Es scheint dabei wichtig zu sein, dass das Engagement konkret und im nahen Umfeld geschieht, übergreifende Ziele oder der Einsatz für unmittelbare gesellschaftspolitische Veränderungen scheinen nicht typisch zu sein (vgl. Hurrelmann et al. 2006, S. 21). Ein weiteres Beispiel für ein gestiegenes Verantwortungsbewusstsein ist das umweltbewusste Verhalten: So geben zur Zeit 52% der Jugendlichen an, im Alltag bewusst Energie zu sparen.

Auch wenn es, wie einleitend erwähnt, wichtig ist, ein Gesamtbild des Zeitgeistes der Jugend zu erstellen, so ergeben sich doch zusehends horizontale und vertikale Ungleichheiten in den Einstellungen der Jugendlichen. Neben geschlechts- und altersspezifischen Unterschieden zeigt sich überraschenderweise noch immer eine starke Ost-West-Divergenz. Auch die Ausweitung der Wohlstandsschere hat sich auf Verhaltens- und Einstellungsmuster der Jugend übertragen.

Entgegengesetzt den Erwartungen einer Verringerung von Ost-West-Unterschieden konnte also festgestellt werden, dass sich in mehreren Bereichen Differenzen zeigen. Besonders im Bereich der Leistungsbereitschaft zeigt sich, dass ostdeutsche Frauen einer weniger hedonistischen und eher berufsorientierten Lebensweise nachgehen (Fischer et al., 2000, S. 17). Motivation, Flexibilität und Einsatzbereitschaft sind im Allgemeinen im Osten höher ausgeprägt. Die wirtschaftlich angestrengte Lage dort bewirkt, dass eine höhere Anpassung an die Leistungsgesellschaft erfolgt, um das persönliche Ziel zu erreichen. Im Westen zeigt sich ab dem Jahre 2000 ein leicht höheres Interesse an Politik. Im Osten dagegen ist vor allem bei jungen Männern ab dem 20. Lebensjahr ein höheres Maß an Ausländerfeindlichkeit zu verzeichnen. Die größere Unzufriedenheit im Osten zeigt sich vor allem auch in der Shell-Studie 2006, in welcher 64% der Jugendlichen in den alten Bundesländern mit den bestehenden gesellschaftlichen Verhältnissen zufrieden sind, wohingegen dies in den neuen Bundesländern nur 41% behaupten (vgl. Albert et al. 2006, S. 18). Hier sind die Jugendlichen weitaus weniger mit den gegebenen Chancen, ein glückliches und sicheres Leben zu führen, zufrieden.

Eine besondere Schlüsselfunktion für eine erfolgreiche Lebensgestaltung nimmt die Bildung ein. Besonders in Deutschland sind jedoch große Bildungsungleichheiten feststellbar. Hier hat die sozioökonomische Position der Herkunftsfamilie einen besonders hohen Einfluss auf die Bildung des Jugendlichen. Diese soziale Vererbung von Bildung konnte auch in den Shell-Jugend-Studie 2006 und 2010 nachgewiesen werden: Jugendliche aus bildungsnahen und privilegierten Elternhäusern besuchen in viel höherem Maße hochwertige berufliche Ausbildungen oder Hochschulen (vgl. Shell-Jugendstudie 2006, S. 16; Leven et al. 2010, S. 72). So strebten 2010 nur 26% der Jugendlichen, deren Eltern einen einfachen oder keinen Bildungsabschluss vorweisen, eine Hoch- oder Fachhochschulreife an, während es unter den Eltern mit höherem Bildungsniveau 77% sind. Dagegen sind Jugendliche aus unteren

Gesellschaftsschichten weitaus häufiger an Hauptschulen oder Gesamtschulen vertreten (vgl. Leven et al. 2010, S. 72f.). Dies hat wiederum Auswirkungen auf die Suche nach einer Ausbildungsstelle und die damit verbundenen späteren Berufschancen. Es verwundert nicht, dass sich deshalb eine große Schere zwischen der positiven und negativen Zukunftszuversicht hinsichtlich der Bildung unter den Jugendlichen ergibt. Daraus folgt, dass es nicht nur den Typ Jugendlicher gibt, der pragmatisch ans Werk schreitet und durch Leistungsbereitschaft glänzt. In der Shell-Studie 2006 konnte unter anderem ein Wert-Typ Jugendlicher identifiziert werden, der sich von den anderen mehr oder weniger „pragmatischen Jugendlichen" unterscheidet: die „robusten Materialisten". Diese Jugendlichen stammen aus eher schlechten sozialen und erzieherischen Verhältnissen und werden schulischen bzw. betrieblichen Anforderungen nicht gerecht. Ihre Verortung im Sozialgefüge konzentriert sich auf soziale Brennpunkte und Hauptschulen. Durch Gewaltbereitschaft und aggressives Verhalten versuchen sie sich bemerkbar zu machen (vgl. Hurrelmann et al. 2006, S. 41). So häufen sich Vorfälle, wie sie in den Medien beispielsweise von der Berliner Rütli-Schule bekannt wurden. Dies macht eine soziale Spaltung der Jugend in eine schlechtere und bessere Positionierung innerhalb der Gesellschaft deutlich. Albert et al. sprechen dahingehend von einer gespaltenen Realität in Deutschland (vgl. 2010, S. 343). Der optimistische Pragmatismus findet demnach bei Jugendlichen aus sozial höheren Schichten, aber auch aus der Mittelschicht, erheblich eher Anklang. Besonders Realschüler und Azubis sehen sich dem bestehenden Leistungsdruck ausgeliefert. Für sie stehen hedonistische Bedürfnisse am meisten im Hintergrund; stattdessen versuchen sie, sich durch Mobilitäts- und Flexibilitätsbereitschaft an die Arbeitsmarktsituation anzupassen (vgl. ebd., S. 33). Für Jugendliche aus bildungsfernen Elternhäusern mit geringem Einkommen oder bestehender Arbeitslosigkeit zeigt sich eine andere Situation; hier steigen die Werte für Angst und Unsicherheit (vgl. ebd., S. 345). Es verwundert nicht, dass sich dies auf den gesamten Lebensentwurf auswirkt und sich dadurch auch Unterschiede in der Familienplanung oder dem sozialen Engagement ergeben. Der „optimistische Pragmatismus" ist deshalb neben Resignation oder Verärgerung nur eine mögliche Strategie, mit den gesellschaftlichen Gegebenheiten umzugehen.

Auch die Sinus-Milieustudie 2012, welche Jugendliche unter 18 Jahren in ihrem lebensweltlichen Bezugssystem betrachtet, kommt zu ähnlichen Ergebnissen.

Nach Milieu, das heißt, nach Grundeinstellungen und sozialer Lage, wurde differenziert betrachtet, „wie Jugendliche ticken". Auch hier zeigt sich, dass sich die Jugendlichen zunehmend einem Leistungsdruck und hohen Anforderungen des Arbeitsmarktes ausgesetzt fühlen. Dieser Druck wird durch Einsatzbereitschaft im persönlichen Bereich kompensiert, so dass sich dennoch Zuversicht bezüglich der eigenen Zukunft ausgebreitet hat. Der „Bewältigungsoptimismus" in Verbindung mit Ehrgeiz wirkt unterstützend auf das Erreichen der Ziele (vgl. Calmbach et al. 2012, S. 42). Die Rückbesinnungen auf die Segundärtugenden, wie Fleiß, Sicherheit und Ehrgeiz, wird hier als „Regrounding" bezeichnet, welches jedoch nicht mit dem Aufleben traditioneller Denkweisen verwechselt werden darf, sondern als Ausdruck der gesellschaftlichen Unberechenbarkeiten zu werten ist (vgl. ebd., S. 43). Die Unsicherheiten bezüglich der eigenen Lebensplanung führen demzufolge dazu, dass Werte wie Sicherheit und Familie an Wichtigkeit gewinnen. Da aber dennoch ein ausgeprägtes Streben nach Selbstverwirklichung vorhanden ist, und neue Bewältigungsstrategien entwickelt wurden, wie beispielsweise ein ausgeprägtes Networking, kann von einer Vergrößerung des traditionalistischen Milieus nicht gesprochen werden. Es breitet sich eher ein „individualistischer Leistungsethos" in Verbindung mit „hedonistischen ich-bezogenen Erwartungen" aus (ebd., S. 40). Dabei wird die Entwicklung zu einem „Werte-Patchwork" sichtbar. Vor allem das anzahlmäßig große Milieu der „adaptiv-pragmatischen" Jugendlichen verbindet leistungsorientiertes Verhalten mit einem freizeitorientierten Verhalten; man möchte „auch mal was Verrücktes machen" (vgl. ebd., S. 133). Das heißt, dass seitens der Jugendlichen versucht wird, alle Bedürfnisse, Werte und Normen unter einen Hut zu bekommen. So stellt zum Beispiel langes und exzessives Ausgehen am Wochenende mit harter Arbeit unter der Woche keinen unüberbrückbaren Kontrast mehr dar. Auch wird gern Geld für Freude bringende Aktivitäten wie Reisen, Partys oder Städtetrips ausgegeben, aber dennoch darauf geachtet, dass genug angespart wird. Hier zeigt sich die oben beschriebene sowohl-als-auch-Mentalität wieder. Der Wunsch, sich trotz verschiedener gesellschaftlicher Probleme in allen Lebensbereichen behaupten zu wollen, ist Merkmal der heutigen Jugend. In diesem Zusammenhang spricht auch Ferchhoff von einer „Patchwork-Jugend" (2007, S.377ff.): Das Aufweichen der Lebensverläufe in Zusammenhang mit einer ausgedehnten Experimentierphase und einer Sozialisation, die nunmehr auch multimedial vermittelt wird, hat eine verlängerte Suchbewegung nach der eigenen Ich-Identität zur Folge. Identität wird damit – wie auch das gesellschaftliche Umfeld – zu etwas Unbeständigem. Dies drückt sich im Vorhandensein von „Augenblicks-, Situations- und Patchworkidentitäten" aus, die sich in einer Fülle von Stil- und Verhaltensweisen bemerkbar machen. Die Wertsynthese hat sich damit zu einem gängigen und notwendigen Muster entwickelt.

Auch im Bereich der politischen Teilhabe zeigt sich in der Sinus Milieu-Studie 2012, dass Politik zwar vor allem mit Attributen wie „langweilig" belegt ist, es aber trotzdem ein politisches Gespür für gesellschaftliche Probleme wie eine ungerechte Verteilung ökonomischer und humaner Ressourcen gibt. Auch ist die Bereitschaft, sich sozial zu engagieren, vorhanden, jedoch eher im unmittelbaren, gegenwärtigen Umfeld und weniger bezüglich makrosozialer gesellschaftlicher Aspekte (vgl. ebd., S. 73ff.). Hier sind die Jugendlichen aus prekären Lagen am wenigsten engagiert, obwohl sie die Problemlagen durch Angst vor Armut und Arbeitslosigkeit am meisten wahrnehmen. Das Bewusstsein, in einer schlechten sozioökonomischen Lage zu sein, ist besonders durch gesellschaftliche Ausgrenzung vorhanden. Diese geschieht besonders seitens der „jungen Mitte", welche selbst ein Abrutschen befürchtet (vgl. ebd., S. 47). Schon in der Sinus Studie 2007 konnte dies festgestellt werden. Ein wachsendes Abgrenzen gegenüber Menschen der sozialen Unterschicht macht sich durch symbolische und soziale Verhaltensweisen bemerkbar (Wippermann/Calmbach 2008, S. 437), da hierbei dem eigenen Selbstbild eines verantwortungsbewussten Menschen der Vorwurf einer mangelnden Leistungsbereitschaft gegenübersteht. Zusammenfassend zeigt die Studie, dass sich je nach Lage im Gesellschaftsgefüge unterschiedliche Denk- und Handlungsweisen und damit auch Entwicklungstendenzen ergeben, wobei die „junge Mitte" anpassungsbereit und optimistisch ist, während besonders Jugendliche aus den unteren Schichten diesen „Bewältigungsoptimismus" nicht teilen.

Im Vergleich zu den 1990er Jahren, zeigt sich dementsprechend insgesamt ein anderes Jugendbild. Obwohl die Jugendlichen mit ähnlichen gesellschaftlichen Problemen konfrontiert sind, reagieren sie anders auf diese Umweltbedingungen und versuchen, mittels Wertsynthese flexibel, anpassungsbereit aber trotzdem selbstbehauptend die eigenen individuellen Wünsche zu erreichen. Damit zeigt sich ein anderer Bewältigungsstil der gegebenen Voraussetzungen. Es fand also im Sinne Fends eine andere Selektionsleistung aus vorgegebenen Denk-, Einstellungs- und Verhaltensmustern statt.

8. Fazit

In dieser Arbeit wurden die Veränderungen, welche die Jugend seit der Wiedervereinigung durchlief, untersucht. Die Unterteilung in drei Abschnitte – Jugend der Wendezeit, Jugend der 1990er Jahre und die Jugend seit der Jahrtausendwende – geschah dabei nicht zufällig, sondern, weil alle drei Phasen einen speziales Jugendbild hervorbrachten. Die Jugendlichen der Wendezeit sahen sich aufgrund der Systemtransformation mit großen Veränderungen konfrontiert. In den 1990er Jahren fand sich eine bezüglich der Zukunft unsichere Jugend, die sich in der Gegenwart auslebte und eine unpolitische Haltung aufwies. Seit dem Jahr 2000 zeigt sich eine Jugend, die wieder mehr an gesellschaftlichen Leistungs- und Verhaltensnormen orientiert ist und deutlich optimistischer in die Zukunft blickt.

Deutlich ist an dieser Stelle zu betonen, dass es „die Jugend" nicht gibt (vgl. Scheuch 1975, S. 54). Dies wurde am Beispiel von Bildungs- und Milieuunterschieden ausgeführt. Es spielen Herkunftsfamilie, Wohnortgröße, Persönlichkeitsdispositionen und viele weitere Merkmale bei der Entwicklung eines Heranwachsenden eine Rolle. Zu kritisieren ist deshalb, wie eingangs ausgeführt, die oft vorschnelle Etikettierung von Jugendgenerationen mit bestimmten Attributen. Nicht nur im Bereich der Jugendkulturen ist eine sichtbare Pluralisierung vorzufinden; auch die Lebensweisen von Jugendlichen sind deutlich vielfältiger geworden. Dennoch lassen sich anhand der angeführten Studien auf makrosoziologischer Ebene Veränderungen aufzeigen. Diese sollen nun anhand der anfangs angeführten theoretischen Überlegungen verknüpft werden.

Die Entwicklung der Jugendphase ist nach modernisierungstheoretischen Überlegungen auf eine zunehmende wirtschaftliche Entwicklung und die Bildungsexpansion zurückzuführen, die es jungen Menschen ermöglicht - und in einer Arbeitsgesellschaft auch abfordert – länger in Bildungseinrichtungen zu verbleiben. Es konnte sich so die Jugendzeit als eine Zeit mit geringen ökonomischen und gesellschaftlichen Verpflichtungen herausbilden, die zum Experimentieren und Ausprobieren genutzt werden kann. Die Jugendlichen, die einerseits dieses Moratorium genießen und andererseits den Übergang bzw. die Transition in das Erwachsenenalter nach eigenen Vorstellungen bewältigen möchten, entwickeln eine eigene Persönlichkeit, indem sie sich mit aktuellen Problemen und gesellschaftlichen Vorgaben auseinandersetzen. Sie sind damit ein „realitätsverarbeitendes Produkt" (Hurrelmann/Quenzel 2012, S.87). Die Heranwachsende sehen sich in dieser Entwicklungsphase mit bestehenden Regelsystemen, Normen und Werten konfrontiert und entwickeln in dieser Zeit ein besonderes Gespür für gesellschaftliche Missstände. Wie bereits erwähnt, ist das Verhältnis zwischen Jugend und Gesellschaft wechselseitig bestimmt. Einerseits gibt die Gesellschaft Werte, Normen und Wissen an die nachkommende Generation weiter – Mannheim spricht hier von „akkumulierten Kulturgütern" (1964, S. 532) – andererseits trägt die Bewertung der Jugendgeneration dazu bei, für selbstverständlich gehaltene gesellschaftliche Vorgaben zu überprüfen und gegebenenfalls zu modifizieren. Die Jugend bildet deshalb einen Gegenpol zur Lebenswelt der Erwachsenen. Veränderungen der Bewertungen lassen sich dabei anhand von Wertschwankungen erkennen. Auf Jugendliche trifft es in besonderem Maße zu, dass lebensphasenbedingt eine höhere Veränderbarkeit von Werten besteht, während bei der älteren Generation aufgrund eines Vorsprunges an Lebenserfahrungen relativ beständige Wertorientierungen vorherrschend sind. Die Weiterentwicklung der eigenen Identität innerhalb einer vorgegebenen Umwelt lässt Jugendliche ihre Wertvorstellungen häufiger neu überdenken, weshalb sie dafür prädestiniert sind, besonders sensibel gegenüber übergreifenden gesellschaftlichen Wandlungsprozessen zu sein und diese auch zum Ausdruck zu bringen (vgl. Hurrelmann et al. 2006, S. 39). Die vorgegebenen gesellschaftlichen Rahmenbedingungen wirken also auf die Wertentwicklung der Jugendlichen ein. Die Lebenslage moderiert Werte durch die objektive Lebenssituation sowie räumliche, zeitliche und materielle Ressourcen, aber auch durch die subjektive Einschätzung bzw. Zufriedenheit mit der eigenen Lebenssituation (vgl. Fritzsche 2000, S. 117). Die Auseinandersetzung mit bestehenden Wertsystemen geschieht dabei indirekt über Sozialisationsinstanzen wie zum Beispiel Schule, Familie oder in Peer Groups. Klages Aussagen zu Folge aktualisieren sich Werte, indem sie an äußere Umstände angepasst werden, wodurch es sowohl intra- als auch intersubjektiv zu Wertschwankungen kommen kann. Werte als innere Dispositionen sind mit Bedürfnissen verbunden, welche konkrete situationsbezogene Wünsche und Ziele darstellen. Im Zusammenhang mit vorgegebenen Optionen entwickeln sich daraus Handlungsorientierungen. Insofern ist ein gesellschaftlicher Wandel vor allem an einer Schwankung der Wertorientierung ablesbar, welche sich in der Auseinandersetzung mit der Umwelt, sowie aus historischen Umständen heraus entwickeln. Nach Mannheim entsteht hierbei ein ökonomisch-sozialer Kontext, der aus einer Jugendkohorte, also einer Generationenlagerung, einen Generationenzusammenhang werden lässt, wenn eine schicksalhafte Verbundenheit und ein „Wir-Gefühl" zwischen den Mitgliedern bestehen. Aus entwicklungspsychologischen Gründen ist es die Jugend, die besondere Verarbeitungskategorien bzw. Bewältigungsstrategien für historische Realitäten entwickelt (vgl. Fend 1988, S. 178). Die Teilhabe an einem gemeinsamen politischen ökonomischen und gesellschaftlichen Hintergrund kann die Bildung einer Generationengestalt bewirken, wenn durch die Generationenlagerung epochal-spezifische Bewältigungsstrategien gefunden werden.

Deshalb bildet die Jugend der Wendezeit eine eigene Generationengestalt. Dies wird durch die immer noch bestehenden Unterschiede zwischen ost- und westdeutschen Jugendlichen verdeutlicht. Die plötzlichen schockartigen Veränderungen durch die Systemtransformation drangen bis in das Alltagsleben der Jugendlichen ein. Die Modernisierungsdefizite der DDR sollten durch Anpassung an das westliche System schnell ausgeglichen werden. Doch besonders die Konfrontation mit der dadurch entstandenen strukturellen Arbeitslosigkeit, die plötzliche Anpassung an eine Leistungsgesellschaft sowie die spätere Enttäuschung über unzureichende demokratische Gestaltungsoptionen wirkten nachhaltig auf die ostdeutsche Jugend ein. Dies äußerte sich in einer mäßigen gesellschaftlichen, persönlichen und beruflichen Zukunftszuversicht und Existenzängsten. Dieses historische Ereignis schaffte deshalb einen inneren Zusammenhang zwischen der Generationenlagerung, weil es – trotz unterschiedlicher Betroffenheit einzelner Individuen – Lebenswelten plötzlich veränderte. Bis heute zeigen sich deshalb Unterschiede in der Wertorientierung. In Kapitel 5 wurde erwähnt, dass kurz nach der Wiedervereinigung soziale Beziehungen als wertvoller empfunden wurden. Dies ist in dem Sinne eine Bewältigungsstrategie, da diese in unsicheren Zeiten Halt geben. Aber auch die Studie über die Jugend in Brandenburg zeigt, dass sich zehn Jahre nach der Wende die Probleme nicht gelöst haben. Eine große Unzufriedenheit, die aus schlechten Arbeitsmarktmarktchancen und Perspektivlosigkeit resultierte, zog breite Kreise und hatte unter anderem auch eine höhere Ausländerfeindlichkeit zur Folge. Wie in Kapitel 7 beschrieben, ist besonders die Leistungsorientierung in den neuen Bundesländern noch immer höher ausgeprägt. Dies kann man darauf zurückführen, dass in Auseinandersetzung mit der schlechteren ökonomischen Lage diese Wertorientierung notwendig ist, um berufliche Ziele zu erreichen.

Die Jugend der 1990er Jahre und die der 2000er Jahre haben prinzipiell einen ähnlichen Erfahrungshintergrund. Globalisierung, unsichere Arbeitsmarktchancen, Umweltkatastrophen und der demographische Wandel sind Faktoren, welche den Jugendlichen Sorgen bereiten. Hinzu kommt, dass aufgrund des „Fahrstuhleffektes" (Beck 1986, S. 142) eine gute Bildung kein Garant für eine gesicherte berufliche Zukunft mehr ist. Zwar ist eine Vielfalt von Lebensformen sowie persönlichen und gesellschaftlichen Gestaltungsmöglichkeiten vorhanden, jedoch sind damit nicht nur Vorteile verbunden. Im Zuge einer sich verbreitenden Lebensvorstellung „des eigenen Glückes Schmied" sein zu wollen, zeigt sich innerhalb der Sozialisationsinstanzen der Aufbau „hohe(r) Versprechungen auf personale Selbstentfaltung", wobei dies jedoch mit einem „hohen Maß an Selbstverantwortung" und auch klare(n) Visionen der Erfüllung und des Versagens" verbunden ist (Fend 1988, S. 298). Das Erreichen eigener Wünsche und Ziele hängt also in hohem Maße von der Person selbst ab, was dazu führt, dass neben einem enormen Freiheitsgewinn Unsicherheiten bezogen auf den Lebenslauf und die Lebensplanung existieren (Schröder 1995, S. 20). Die Jugendlichen sind deshalb stark an der Verwirklichung eigener Ziele und Interessen orientiert und dies zu erreichen, ist die große Herausforderung, welche die Jugend in starkem Maße seit der Wiedervereinigung zu bewältigen hat. Es lassen sich aber zwischen den Studien der 1990er Jahre und der aktuellen Jugend Differenzen in den Orientierungen und damit unterschiedliche „Bewältigungsstrategien" feststellen.

Für die Jugend der 1990er zeichnet sich das Bild einer Jugend mit skeptischer Distanz. Die Jugend sieht sich hier größtenteils selbst als von den Erwachsenen vernachlässigt an, was sich unter anderem in einem starken politischen Desinteresse äußert. Verbunden ist dies mit einer eher schlechten Zukunftszuversicht in allen Bereichen. Das Gefühl, selbst nur geringe Möglichkeiten der Gestaltung zu besitzen, bewirkt, dass Privatisierung und Anpassung geeignete Lebensweisen darstellen, um glücklich zu sein. Eine starke Gegenwartsorientierung, welche auf eine Sichtweise der Jugendzeit als Moratorium verweist, und der Wunsch nach erfüllenden sozialen Nahebeziehungen sind Reaktionen auf die unsichere Zukunft und die „gesellschaftliche Krise". Vor allem Jugendkulturen wie die Techno-Szene bieten Unterhaltung und Geselligkeit, aber bringen auch durch die „Politisierung des Unpolitischen" die gesellschaftliche Haltung der Jugendlichen zum Ausdruck.

Die Jugend der 2000er Jahre dagegen reagiert „pragmatisch". Mit deutlich gestiegenem Optimismus, Motivation und Leistungsbereitschaft stellt sie sich den Herausforderungen. Dies ist sowohl an einer gestiegenen Zukunftsorientierung – hier steht der Transitionscharakter der Jugend im Vordergrund – als auch an dem Anstieg an Werten der materiellen Sicherheit erkennbar. Doch obwohl sich die Jugend seitdem insgesamt wieder mehr an gesellschaftlichen Leistungs- und Verhaltensnormen orientiert, ist sie nicht starr und verkrampft geworden, sondern versucht durch „praktische Kreativität" mit gesellschaftlichen Widersprüchen zurechtzukommen (vgl. Shell Jugendstudie 2010). Hier zeigt sich Klages Konzept der Wertsynthese. Die Anforderungen an Leistung, aber auch das Bedürfnis nach jugendspezifischen Freizeitaktivitäten sowie der Wunsch nach freier Entfaltung der Persönlichkeit führen zu einer inneren Spannung, die dadurch ausgeglichen wird, dass zwischen Pflicht- und Akzeptanzwerten auf der einen Seite und Selbstentfaltungswerten auf der anderen Seite gewechselt wird. Die Vielfalt an Gestaltungsoptionen, aber auch der Wunsch sich durchzusetzen, machen sowohl Kreativität und Entscheidungskompetenz als auch ein hohes Maß an Selbstverantwortung erforderlich. Hurrelmann/Quenzel bezeichnen die heutige Jugend deshalb als „Egotaktiker", weil auf die gesellschaftlichen Unsicherheiten mit einer Integration von Leistungs- und Genusswerten reagiert wird (vgl. 2012, S. 205f.).

Eine solche Wertsynthese erweist sich deshalb als funktional. Den gesellschaftlichen Ansprüchen daran können aber nicht alle Jugendlichen gerecht werden. Vor allem Jugendliche aus bildungsfernen Familien haben erheblich schlechtere Startchancen. Klages kritisiert deshalb, dass das moderne Arbeitsmilieu hinter seinen eigentlichen Möglichkeiten zurückbleibt. Er plädiert dafür, dass das gesellschaftliche Denken nicht mehr in scharfen Antithesen erfolgt (vgl. 1988, S. 140). Beispielsweise ist in der öffentlichen Meinung eine klare Trennung zwischen fleißigen Gymnasiasten und lenkungsbedürftigen, chaotischen Hauptschülern vorhanden. Eine erfolgreiche Bewältigung kritischer Lebensereignisse wie des Berufseintrittes fördert aber eine Wertsynthese. Mit besserer Unterstützung der bedürftigen Jugendlichen könnte man „Motivationsknicks" beseitigen, was wiederum förderlich für die Arbeitsgesellschaft ist. Außerdem sind Institutionen und Organisationen in ihren Wertvermittlungen noch zu konventionell (1993, S. 93f.). So vermittelt zum Beispiel die Schule zwar Pflicht- und Akzeptanzwerte, jedoch zu wenig Selbstentfaltungswerte. Diesbezüglich weist auch Ferchhoff darauf hin, dass die

Jugend auch eine jugendpolitisch vergessene Jugend ist: Nicht nur die Jugend ist politikverdrossen, auch die Politik ist „jugendverdrossen" (vgl. 2007, S. 388). Deshalb sollte sich die Politik mehr für gleiche Bildungschancen einsetzen. Zudem muss dringend eine Lösung für die Jugendarbeitslosigkeit gefunden werden, die in dieser Entwicklungsphase weitreichende Folgen für das ganze Leben haben kann.

Nicht alle Jugendlichen gehen mit den Gegebenheiten gleichermaßen pragmatisch um. Vor allem diejenigen der sozial schwachen Schichten bzw. Milieus zeigen Abweichungen. Diese Unterschiede vergrößern sich seit einiger Zeit. Obwohl sich also unterschiedliche Verhaltens- und Wertorientierungen zeigen, ist es aufgrund der Heterogenität der Jugend und der Abhängigkeit von sozioökonomischen Merkmalen deshalb fraglich, ob man von einem inneren Zusammenhang der Jugendgeneration – und damit von unterschiedlichen Jugendgestalten sprechen kann. Dafür spricht hingegen, dass die angeführten Studien deutliche Veränderungen der Wert- und Handlungsorientierungen aufzeigen konnten. Trotz sozial ungleicher Lebenswelten sind vorherrschende Mentalitäten erkennbar. Für die Jugend, welche die Wiedervereinigung erlebte, lösten die plötzlichen historisch bedingten Ereignisse einen solchen inneren Zusammenhang aus. Die Frage, wie sich die Jugend entwickelt, ist also nicht nur eine Frage der Generation, sondern – im Sinne Fends - vor allem eine Frage des Bewältigungsstils gegenüber gesellschaftlichen Problemvorgaben.

Jedoch verändern sich Jugendgenerationen in Auseinandersetzung mit den Erwachsenen, was makrosoziologisch an der Werteentwicklung sichtbar wird. Eine Theorie ist auch, dass im Falle einer ungestörten gesellschaftlichen Entwicklung, das heißt ohne plötzliche historische Ereignisse, eine Abfolge bestimmter Jugendtypen vorkommt. Dies konnte in anderen angelsächsischen Ländern bereits beobachtet werden. Dabei wechseln sich nacheinander hedonistische, ökonomische und politische Jugendtypen ab (vgl. Gensicke, 2010, S.189). Auf Deutschland bezogen hieße das: Die arbeitende „skeptische Generation" der 1950er Jahre wurde von der politischen „68er" Generation abgelöst, die nach Gerechtigkeit der Verteilung strebt und aufgrund des bereits erreichten Wohlstands eher auf kulturelle Ziele bedacht war. Darauf folgte eine Generation, die einen eher hedonistischen Lebensstil hatte und die Früchte des Wohlstands und der kulturellen Entwicklung genoss. So hatte beispielsweise die Jugend der 80er und 90er Jahre die Möglichkeit, bereits erkämpfte Freiheiten auszukosten und konnte sich in der Vielfalt von Jugendkulturen ausprobieren.

Die jetzige Jugendgeneration hat nun die Aufgabe, den wirtschaftlichen Problemen mit Leistung und Fleiß zu begegnen, um die Arbeitsgesellschaft wieder voranzubringen. Orientiert man sich an dem Verlaufsschema, so stünde demnächst wieder eine politische Generation bevor (vgl. ebd.). Ein leicht angestiegenes Politikinteresse, die erheblichen Vertrauensverluste in den Wirtschafts- und Finanzsektor und die damit verbundenen Proteste sowie die mit dem demographischen Wandel verbundenen Probleme, die aus finanziellen Gründen besonders die jetzige Jugend treffen wird, könnten Anzeichen dafür sein. Sicher ist jedoch, dass auch in Zukunft neue Jugendgenerationen entstehen und sich in Auseinandersetzung mit gesellschaftlichen Umständen entwickeln werden.

9. Literaturverzeichnis

Achatz, Juliane (2000): Lebensverhältnisse in Deutschland im Spiegel subjektiver Wahrnehmung. In: DJI Jugendsurvey 2. Gille, Martina; Krüger, Winfried (Hrsg.). Unzufriedene Demokraten. Politische Orientierungen der 16- bis 29jährigen im vereinigten Deutschland. Leske + Budrich Verlag, Opladen, S.81-120.

Abels, Heinz (1993): Jugend vor der Moderne. Soziologische und psychologische Theorien des 20. Jahrhunderts. Leske + Budrich Verlag, Opladen.

Albert, Mathias/ Hurrelmann, Klaus/ Langness, Anja/ Quenzel, Gudrun (2006): Die pragmatische Generation unter Druck: Probleme und Perspektiven. In: Hurrelmann, Klaus/ Albert, Mathias/ TNS Sozialforschung: Jugend 2006. 15. Shell Jugendstudie. S. Fischer Verlag. Frankfurt am Main, S. 443-452.

Albert, Mathias; Hurrelmann, Klaus; Quenzel, Gudrun; TNS Sozialforschung (2010): Jugend 2010. Eine pragmatische Generation behauptet sich. Shell Deutschland (Hrsg.). S. Fischer Verlag GmbH, Frankfurt am Main.

Albert, Mathias; Hurrelmann, Klaus; Quenzel, Gudrun (2010): Jugend 2010: Selbstbehauptung trotz Verunsicherung? In: Albert, Mathias; Hurrelmann, Klaus; Quenzel, Gudrun; TNS Sozialforschung Jugend 2010. Eine pragmatische Generation behauptet sich. Shell Deutschland (Hrsg.). S. Fischer Verlag GmbH. Frankfurt am Main, S.37-51.

Andresen, Sabine; Bock, Karin; Otto, Hans-Uwe (2003): Jugend als gesellschaftliche Markierung. In: Andresen, Sabine; Bock, Karin; Otto, Hans-Uwe; Schmidt, Mathias, Sturzbecher, Dietmar (Hrsg.).Vereintes Deutschland – geteilte Jugend. Ein politisches Handbuch. Leske + Budrich Verlag. Opladen, S. 15-28.

Baake, Dieter (2007): Jugend und Jugendkulturen. Darstellung und Deutung. 5.Auflage. Juventa Verlag, Weinheim und München.

Beck, Ullrich (1986): Risikogesellschaft. Auf dem Weg in eine andere Moderne. Suhrkamp Verlag, Frankfurt am Main.

Blank, Renate (1997): „Ich habe andere Sorgen als Politik" In: Fischer, Arthur/ Münchmeier, Richard: Jugend'97. Zukunftsperspektiven, gesellschaftliches Engagement, Politische Orientierungen. Leske+ Budrich Verlag. Opladen, S.33-78.

Bock, Karin; Pfaff, Nicole (2003): Jugendkulturen in der neuen Bundesrepublik. In: Andresen, Sabine; Bock, Karin; Otto, Hans-Uwe; Schmidt, Mathias, Sturzbecher, Dietmar (Hrsg.).Vereintes Deutschland – geteilte Jugend. Ein politisches Handbuch. Leske + Budrich Verlag. Opladen, S.97-115.

Breidenstein, Georg (2004): Peer-Interaktion und Peer-Kultur. In: Helsper, Werner; Böhme, J. (Hrgs.). Handbuch der Schulforschung. VS Verlag. Wiesbaden, S.921-942.

Bundesministerium für Bildung und Forschung (2011): Studiensituation und studentische Orientierungen. 11. Studierendensurvey an Universitäten und Fachhochschulen, Bonn und Berlin.

Calmbach, Marc/Thomas, Peter Martin/Borchert, Inga/Flaig, Bodo B. (2011): Wie ticken Jugendliche? Lebenswelten Jugendlicher im Alter von 14-17Jahren in Deutschland. Verlag Haus Altenberg, Düsseldorf.

Coleman, James Samuel (1991): Grundlagen der Sozialtheorie. Band1: Handlungen und Handlungssysteme. Oldenbourg Verlag, München.

Ecarius, Jutta; Eulenbach, Marcel; Fuchs, Thorsten; Walgenbach, Katharina (2011): Jugend und Sozialisation. VS Verlag für Sozialwissenschaften, Wiesbaden.

Eisenstadt, Samuel Noah (1966): Von Generation zu Generation. Altersgruppen und Sozialstruktur. Juventa Verlag, München.

Elder Jr., Glen H./ Rockwell, Richard C. (1978): Historische Zeit im Lebenslauf. In: Kohli, Martin (Hrsg.). Soziologie des Lebenslaufs. Hermann Luchterhand Verlag GmbH & Co. KG. Darmstadt und Neuwied, S. 78-101.

Fend, Helmut (1988): Sozialgeschichte des Aufwachsens. Bedingungen des Aufwachsens und Jugendgestalten im zwanzigsten Jahrhundert. Suhrkamp Verlag, Frankfurt/Main.

Ferchhoff, Wilfried (2007): Jugend und Jugendkulturen im 21.Jahrhundert. Lebensformen und Lebensstile. VS Verlag für Sozialwissenschaften, Wiesbaden.

Fischer, Arthur/ Zinnecker, Jürgen (1992): Jugend'92. Band 4. Methodenberichte, Tabellen, Fragebogen. Leske + Budrich Verlag, Opladen.

Fischer, Arthur/ Münchmeier, Richard (1997): Die gesellschaftliche Krise hat die Jugend erreicht. In: Fischer, Arthur/ Münchmeier, Richard: Jugend'97. Zukunftsperspektiven, gesellschaftliches Engagement, Politische Orientierungen. Leske+ Budrich Verlag. Opladen, S.11-24.

Fischer, Arthur; Fritzsche, Yvonne; Fuchs-Heinritz, Werner; Münchmeier, Richard (2000): Jugend 2000, 13. Shell Jugendstudie. Leske+ Budrich Verlag, Opladen.

Förster, Peter/ Stöbel-Richter, Yve/ Berth, Hendrik/ Brähler, Elmar (2009): Die deutsche Einheit zwischen Lust und Frust. Ergebnisse der Sächsischen Längsschnittstudie. Zusammenfassung für die Otto-Brenner-Stiftung. OBS-Arbeitsheft 60, Frankfurt/Main.

Friebertshäuser, Barbara (1992): Jugendsubkulturen im Spiegel der Presse – Zur Skandalisierung eines Phänomens vor und nach der Vereinigung. In: Kirchhöfer, Dieter; Steiner, Irmgard; Zilch, Dorle; Zinnecker, Jürgen. Jugend '92. Lebenslagen, Orientierungen und Entwicklungsperspektiven im vereinigten Deutschland. Band 3. Die neuen Länder: Rückblick und Perspektiven. Leske + Budrich Verlag. Opladen, S. 251 - 272.

Fritzsche, Yvonne (2000): Moderne Orientierungsmuster: Inflation am „Wertehimmel". In: Fischer, Arthur; Fritzsche, Yvonne; Fuchs-Heinritz, Werner; Münchmeier, Richard. Jugend 2000, 13. Shell Jugendstudie. Leske+ Budrich Verlag, Opladen.

Fuchs-Heinritz, Werner. Zukunftsorientierungen und Verhältnis zu den Eltern. In: Fischer, Arthur; Fritzsche, Yvonne; Fuchs-Heinritz, Werner; Münchmeier, Richard. Jugend 2000, 13. Shell Jugendstudie. Leske+ Budrich Verlag. Opladen, 2000.

Geißler, Rainer (2006): Die Sozialstruktur Deutschlands. Zur gesellschaftlichen Entwicklung mit einer Bilanz zur Vereinigung. 4. Überarbeitete und aktualisierte Auflage. VS Verlag für Sozialwissenschaften, Wiesbaden.

Gensicke, Thomas (2010): Wertorientierungen, Befinden und Problembewältigung. In: Albert, Mathias; Hurrelmann, Klaus; Quenzel, Gudrun; TNS Sozialforschung. Jugend 2010. Eine pragmatische Generation behauptet sich. Shell Deutschland (Hrsg.). S.Fischer Verlag GmbH, Frankfurt am Main, S.187-242.

Gille, Martina (2000): Werte, Rollenbilder und soziale Orientierung. In: DJI Jugendsurvey 2. Gille, Martina; Krüger, Winfried (Hrsg.). Unzufriedene Demokraten. Politische Orientierungen der 16- bis 29jährigen im vereinigten Deutschland. Leske + Budrich Verlag. Opladen, S.143-204.

Hafenegger, Benno (1995): Jugendbilder. Zwischen Hoffnung, Kontrolle, Erziehung und Dialog. Leske + Budrich Verlag, Opladen.

Hofer, Manfred; Reinders, Heinz; Fries, Stefan; Clausen, Marten (2005): Der Einfluss des Wertewandels auf die Entwicklung im Jugendalter: Ein deduktiver Ansatz. Zeitschrift für Pädagogik 51, S. 81-100.

Hurrelmann, Klaus/ Albert, Mathias/ Quenzel, Gudrun/ Lnagness, Anja (2006): Eine pragmatische generation unter Druck. Einführung in die Shell Jugendstudie 2006. In: Hurrelmann, Klaus/ Albert, Mathias/ TNS Sozialforschung (Hrsg.): Jugend 2006. 15. Shell Jugendstudie. S. Fischer Verlag. Frankfurt am Main, S. 31-48.

Hurrelmann, Klaus (2007): Lebensphase Jugend. Eine Einführung in die sozialwissenschaftliche Jugendforschung. 9., aktualisierte Auflage. Beltz Juventa Verlag, Weinheim und München.

Hurrelmann, Klaus/ Quenzel, Gudrun (2012): Lebensphase Jugend. Eine Einführung in die sozialwissenschaftliche Jugendforschung. 11., vollständig überarbeitete Auflage. Beltz Juventa Verlag, Weinheim und München.

Hitzler, Ronald (2001): Leben in Szenen. Formen juveniler Vergemeinschaftungsformen heute. 3. vollständig überarbeitete Auflage. VS Verlag für Sozialwissenschaften, Wiesbaden.

Keiser, Sarina (1992): „Bei uns zu Hause hat sich viel geändert." – Familie und Vereinigung in Schüleraufsätzen 1991. In: Kirchhöfer, Dieter; Steiner, Irmgard;

Zilch, Dorle; Zinnecker, Jürgen. Jugend '92. Lebenslagen, Orientierungen und Entwicklungsperspektiven im vereinigten Deutschland. Band 3. Die neuen Länder: Rückblick und Perspektiven. Leske + Budrich Verlag. Opladen, S. 251 - 272.

Kemper, Christian (2004): Mapping Techno. Jugendliche Mentalitäten der 90er. Peter Lang GmbH, Frankfurt am Main.

Klages, Helmut (1984): Wertorientierungen im Wandel. Rückblick, Gegenwartsanalysen, Prognosen. Campus Verlag, Frankfurt/New York.

Klages, Helmut (1988): Wertedynamik. Über die Wandelbarkeit des Selbstverständlichen. Edition Interfrom. Zürich.

Klages, Helmut (1992): Die gegenwärtige Situation der Wert- und Wertwandelforschung. In: Klages, Helmut; Hippler, Hans-Jürgen; Herbert, Willi (Hrsg.) Werte und Wandel. Ergebnisse und Methoden einer Forschungstradition. Campus Verlag. Frankfurt/New York, S.5-39.

Klages, Helmut (1993): Traditionsbruch als Herausforderung. Perspektiven der Wertwandelgesellschaft. Campus Verlag. Frankfurt/New York.

Kohli, Martin (1978): Erwartungen an eine Soziologie des Lebenslaufs. In: Kohli, Martin (Hrsg.). Soziologie des Lebenslaufs. Hermann Luchterhand Verlag GmbH & Co. KG. Darmstadt und Neuwied, S. 9-31.

Langness, Anja/ Leven, Ingo/ Hurrelmann, Klaus (2006): Jugendliche Lebenswelten: Familie, Schule, Freizeit. In: Hurrelmann, Klaus/ Albert, Mathias/ TNS Sozialforschung: Jugend 2006. 15. Shell Jugendstudie. S. Fischer Verlag. Frankfurt am Main, S. 49-100.

Leven, Ingo; Quenzel, Gudrun, Hurrelmann, Klaus (2010): Familie, Schule, Freizeit: Kontinuitäten im Wandel. In: Albert, Mathias; Hurrelmann, Klaus; Quenzel, Gudrun; TNS Sozialforschung. Jugend 2010. Eine pragmatische Generation behauptet sich. Shell Deutschland (Hrsg.). S. Fischer Verlag GmbH, Frankfurt am Main, S.53-127.

Liebsch, Katharina (2012): Jugend ist nur ein „Wort". Soziologie einer Lebensphase und einer sozialen Gruppe. In: Liebsch, Katharina (Hrsg.): Jugendsoziologie. Über Adoleszente, Teenager und neue Generationen.

Oldenburg Wissenschaftsverlag GmbH, München.

Mannheim, Karl (1964): „Das Problem der Generationen" In: Wolff, Kurt H. (Hrsg.): Wissenssoziologie. Auswahl aus dem Werk. Hermann Luchterhand Verlag GmbH, Berlin und Neuwied.

Mansel, Jürgen (1996): Leistungsarbeit in der Schule. In: Mansel, Jürgen/Klocke, Andreas (Hrsg.). Die Jugend von heute. Selbstanspruch, Stigma und Wirklichkeit. Juventa Verlag. Weinheim und München, S.88-106.

Melzer, Wolfgang (1992): Jugend und Politik in Deutschland. Gesellschaftliche Einstellungen, Zukunftsorientierungen und Rechtsextremismus-Potenzial Jugendlicher in Ost- und Westdeutschland. Leske+Budrich Verlag, Opladen.

Merkens, Hans (2010): Kindheit und Jugend in Ost- und Westdeutschland. Ansätze und Ergebnisse der Kindheits- und Jugendforschung seit der Wende. In: Krüger, Heinz-Hermann; Grunert, Cathleen (Hrsg.). Handbuch Kindheits- und Jugendforschung. 2., aktualisierte und erweiterte Auflage. VS Verlag für Sozialwissenschaften, Wiesbaden.

Mierendorff, Johanna; Olk, Thomas (2010): Gesellschaftstheoretische Ansätze. In: Krüger, Heinz-Hermann; Grunert, Cathleen (Hrsg.). Handbuch Kindheits- und Jugendforschung. 2., aktualisierte und erweiterte Auflage. VS Verlag für Sozialwissenschaften, Wiesbaden.

Münchmeier, Richard (1997): Die Lebenslage junger Menschen. In: Fischer, Arthur/ Münchmeier, Richard: Jugend´97. Zukunftsperspektiven, gesellschaftliches Engagement, Politische Orientierungen. Leske+ Budrich Verlag. Opladen, S.277-302.

Münchmeier, Richard (1998): „Entstrukturierung" der Jugendphase. Zum Strukturwandel des Aufwachsens und zu den Konsequenzen für Jugendforschung und Jugendtheorie. In: Aus Politik und Zeitgeschichte. B 31/98.

Münchmeier, Richard. Unterschiede trotz Annäherung. In: Andresen, Sabine; Bock, Karin; Otto, Hans-Uwe; Schmidt, Mathias, Sturzbecher, Dietmar (Hrsg.).Vereintes Deutschland – geteilte Jugend. Ein politisches Handbuch. Leske + Budrich Verlag, Opladen, 2003. S.85-93.

Münchmeier, Richard (2000): Miteinander – Nebeneinander – Gegeneinander? In: Fischer, Arthur; Fritzsche, Yvonne; Fuchs-Heinritz, Werner; Münchmeier, Richard (2000): Jugend 2000, 13. Shell Jugendstudie. Leske+ Budrich Verlag, Opladen, S.221-260.

Otto, Manfred; Wenzke, Gerhard (1992): Punks, Heavys, Skinheads, Grufties – informelle Gruppen in der DDR. In: Kirchhöfer, Dieter; Steiner, Irmgard; Zilch, Dorle; Zinnecker, Jürgen. Jugend '92. Lebenslagen, Orientierungen und Entwicklungsperspektiven im vereinigten Deutschland. Band 3. Die neuen Länder: Rückblick und Perspektiven. Leske + Budrich Verlag, Opladen, S. 183-196.

Reinders, Heinz (2003) Jugendtypen. Ansätze zu einer differenziellen Theorie der Adoleszenz. Leske+Budrich Verlag, Opladen.

Reinhold, Gerd; Lamnek, Siegfried; Recker, Helga (2000): Lexikon der Soziologie. 4. Auflage. R Ouldenbourg Verlag. München und Wien.

Roth, Lutz (1983): Die Erfindung des Jugendlichen. Juventa Verlag, München.

Shelsky, Helmut (1958): Die skeptische Generation. Eine Soziologie der deutschen Jugend. 3. Auflage. Eugen Diederichs Verlag. Düsseldorf/Köln.

Scherr, Albert (2009): Jugendsoziologie. Einführung, Grundlagen und Theorien. 9. Auflage. VS Verlag für Sozialwissenschaften. Wiesbaden.

Schluchter, Wolfgang (2001): Der Vereinigungsschock. In Schluchter, Wolfgang; Quint, Peter E. (Hrsg.). Der Vereinigungsschock. Vergleichende Betrachtungen zehn Jahre danach. Velbrück Wissenschaft, Weilerswist.

Schneekloth, Ulrich (2010): Jugend und Politik: Aktuelle Entwicklungstrends und Perspektiven. In: Albert, Mathias; Hurrelmann, Klaus; Quenzel, Gudrun; TNS Sozialforschung. Jugend 2010. Eine pragmatische Generation behauptet sich. Shell Deutschland (Hrsg.). S. Fischer Verlag GmbH. Frankfurt am Main, S.129-163.

Schneekloth, Ulrich; Albert, Mathias (2010): Entwicklungen bei den großen Themen: Generationengerechtigkeit, Globalisierung, Klimawandel. In: Albert, Mathias; Hurrelmann, Klaus; Quenzel, Gudrun; TNS Sozialforschung. Jugend 2010. Eine pragmatische Generation behauptet sich. Shell Deutschland (Hrsg.).

S. Fischer Verlag GmbH. Frankfurt am Main, S.165 – 185.

Schröder, Helmut. Jugend und Modernisierung (1995): Strukturwandel der Jugendphase und Statuspassagen auf dem Weg zum Erwachsensein. Juventa Verlag. Weinheim und München.

Steiner, Irmgard (1992): Lebensbedingungen, Bildungswünsche und Wertorientierungen Heranwachsender im letzten Jahrzehnt – ein Längsschnittvergleich. In: Kirchhöfer, Dieter; Steiner, Irmgard; Zilch, Dorle; Zinnecker, Jürgen. Jugend '92. Lebenslagen, Orientierungen und Entwicklungsperspektiven im vereinigten Deutschland. Band 3. Die neuen Länder: Rückblick und Perspektiven. Leske + Budrich Verlag. Opladen, S. 43-60.

Sturzbecher, Dietmar; Wurm, Susanne (2001): Jugend in Ostdeutschland: Wertorientierungen, Zukunftserwartungen, Familienbeziehungen und Freizeitcliquen. In: Sturzbecher, Dietmar (Hrsg.): Jugend in Ostdeutschland: Lebenssituationen und Delinquenz. Leske+Budrich Verlag, Opladen.

Von Trotha, Trutz (1982): Zur Entstehung von Jugend. In: Kölner Zeitschrift für Soziologie und Sozialpsychologie. 34. Jahrgang, Heft 2.

Walther, Andreas/ Pohl, Axel/ Stauber, Barbara (2011): Jugend als Akteurin sozialen Wandels. Einleitung. In: Walther, Andreas/ Pohl, Axel/ Stauber, Barbara (Hrsg.): Jugend als Akteurin sozialen Wandels. Veränderte Übergangsverläufe, strukturelle Barrieren und Bewältigungsstrategien. Juventa Verlag.Weinheim und München, S.7-20.

Wippermann, Carsten; Calmbach, Marc (2008): Wie ticken Jugendliche. Sinus-Milieustudie U27. Bund der Deutschen Katholischen Jugend & Misereor (Hrsg.). Verlag Haus Altenberg, Düsseldorf.

Zinnecker, Jürgen (1992): Einleitendes zur Vorgeschichte des Buches und zur ostdeutschen Jugendforschung. In: Kirchhöfer, Dieter; Steiner, Irmgard; Zilch, Dorle; Zinnecker, Jürgen. Jugend '92. Lebenslagen, Orientierungen und Entwicklungsperspektiven im vereinigten Deutschland. Band 3. Die neuen Länder: Rückblick und Perspektiven. Leske + Budrich Verlag, Opladen 1992. S.11-27.

Einzelbände

Christof Kaczmarkiewicz/Robert Barth. Forschungsprojekt zu 20 Jahren deutscher Einheit. Subjektive Unterscheidung Ost- und Westdeutscher nach 20 Jahren deutscher Einheit. ISBN: 978-3-640-59249-4

Daniel Auner. Die Einkommensverteilung in West- und Ostdeutschland: Ist die Angleichung schon erfolgt? ISBN: 978-3-656-17854-5

Andrea Beckert. Jugend im Wandel. Eine Frage der Generation. Zur Entwicklung der Wertorientierungen deutscher Jugend seit der Wiedervereinigung. ISBN: 978-3-656-64672-3